찾고 싶은 너에게

일러두기

- 외래어 표기는 국립국어원 원칙을 기본으로 삼되 더 널리 쓰이는 표현의 경우 해당 표기를 따랐습니다.
- 책은 『 』, 단편 소설과 노래는 「 」, 영화와 방송 프로그램은 〈 〉로 표기했으며 도서 발행 시기는 현재 국내에서 유통되는 판본을 기준으로 삼았습니다.

찾고 싶은 너에게

제갈인철 지음

북뮤지션 제갈인철이 들려주는
꿈과 진로 이야기

학교
도서관
저널

프롤로그

잃어버린 너에게,
그래서 더욱 간절히
찾고 싶은 너에게

우리는 매일 무언가를 잃어버리며 삽니다. 작은
소지품을 놓고 오기도 하고, 귀중한 물건을 어디
두었는지 모를 때도 있습니다. 작은 오해로
친구와 멀어지기도 하고, 힘든 오늘로 인해 내일을
잃어버리기도 합니다. 무너진 마음은 오래 회복이
안 되기도 합니다. 우리는 모두 뭔가를 조금씩
잃어버렸고, 그만큼 찾고 싶은 것들이 생겨납니다.
뭔가를 잃어버리지 않았어도 인생의 어떤 새로운 것을

찾아내고 싶은 마음도 듭니다.

    매일 공연 현장에서 청소년 여러분을 만납니다. 객석의 수많은 눈빛은 뭔가를 찾고 있습니다. 나는 내가 원하는 것을 찾기 위해 여러분보다 먼저 길을 떠났고 많은 갈래의 길 위에서 헤맸습니다. 때때로 헤맴은 길을 잃어버린 것이 아니라 새로운 길을 디뎌보는 여정이었습니다. 그 안에서 생각지 못했던 것들을 발견해내기도 했지요.

    예전의 나보다 더 간절한 눈빛을 띠고 있는 여러분에게, 빛나는 오늘과 위대한 내일을 찾는 몇 가지 방법을 소개하려고 합니다. 이미 어떤 지점에 도달해서 한숨 돌리는 어른이 아닌, 여전히 꿈을 찾아가는 한 사람으로서 여러분과 함께 떠나보고 싶습니다.

차례

프롤로그

잃어버린 너에게,
그래서 더욱 간절히
찾고 싶은 너에게

4

1

내 옆의 누군가를
찾고 싶은 너에게

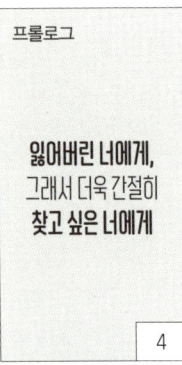

9

2

격려와 응원을
찾고 싶은 너에게

21

3

인생의 참된 의미를
찾고 싶은 너에게

35

4

내 마음의 목소리를
찾고 싶은 너에게

51

5

새로운 시작점을
찾고 싶은 너에게

63

6
소중한 가치를 찾고 싶은 너에게

75

7
나를 일으키는 나를 찾고 싶은 너에게

87

8
나만의 스토리를 찾고 싶은 너에게

101

9
새로운 환경을 찾고 싶은 너에게

115

10
더 넓은 세상을 찾고 싶은 너에게

129

11
나만의 초록을 찾고 싶은 너에게

143

12
최고의 스펙을 찾고 싶은 너에게

155

13 · 에필로그
나만의 진로를 찾고 싶은 너에게

169

1

내 옆의 누군가를
찾고 싶은 너에게

『내가 그린 히말라야시다 그림』이
말해주는 가까운 존재의 소중함

내 옆의 누군가는 내 인생의 방향을 조금씩
틀어주는 역할을 합니다. 한 사람의 인생은
수천만 갈래의 길로 이어질 수 있습니다.
내 옆의 누군가 또는 무언가에 의해 길은
조금씩 방향이 달라지고 있습니다. 어떤
방향으로 나아가든 그것은 소중한 인생의
여정입니다. 그래서 내 옆의 누군가,
무언가는 소중합니다.

우리 옆에는 항상 누군가가 있습니다. 눈 뜨면 가족이 있고, 일터로 가는 길에 같은 방향으로 걷는 사람들이 있고, 기쁘거나 슬픈 일이 있을 때 축하와 위로를 건네주는 친구가 있습니다. 누군가 가까이 있다는 건 그 자체로 놀라운 인생의 비밀입니다. 성석제 소설 『내가 그린 히말라야시다 그림』(창비, 2017)은 내 옆의 존재가 얼마나 소중한지 알려주는 이야기입니다.

주인공 소년은 그림에 재능이 있어서 학교 대표로 사생대회에 나갑니다. 그날따라 실력이 충분히 발휘되지 않는 느낌이었는데, 얼마 후 뜻밖의 통보를 받게 됩니다. 장원이었습니다. 수상이 자랑스러웠던 학교는 작품을 강당에 전시하고 전교생이 보도록 합니다. 일과 후 친구들이 다 물러간 즈음, 몰래 전시된 그림을 보러 간 소년은 깜짝 놀랍니다. 다른 사람의 그림이 상장과 함께 걸려 있었기 때문입니다. 사생대회 날 옆자리에 있던 소녀의 그림과 바뀌는 바람에 소년이 상을 받아버린 겁니다. 소년은 내 그림이 아니라고 얘기할까 말까, 며칠을 고민합니다. 하지만 우물쭈물하다가 결국 졸업을 해버리고 맙니다.

오랜 세월이 지나 소년은 대한민국에서 누구나 아는 유명한 화가가 됩니다. 그 옛날 진실을 말하지 못했던 부끄러움을 메꾸려고 열심히 그림을 그리다 보니 천재 화가가 되었습니다. 사생대회 날 옆에 있었던 이름도 모르는 누군가에 의해 소년의 인생이 바뀐 셈이지요.

내 안에 얼마나 위대한 가능성이 들어 있는지 스스로 찾아내기란 쉽지 않습니다. 그걸 내 옆에서 살아가는 누군가가 발견하고 끄집어냅니다. 그러니 내 옆의 누군가는 그냥 스쳐가는 사람이 아니라 인생에서 매우, 어쩌면 가장 소중한 존재인지도 모릅니다.

내 인생에도 내 옆의 누군가에 의해 삶의 방향이 바뀐 경우가 몇 있습니다. 내가 평생 영어 걱정을 안 하고 산 것은 어릴 때 받은 작은 선물 하나 덕분이었습니다. 시골 마을에 살던 나는 중학교 1학년 들어가서야 알파벳을 처음 배웠습니다. 글자 하나하나의 생김새와 발음이 신기하게 느껴지던 그때, 옆집에 살던 공장 사장이 서울에 다녀오던 길에 영어 카세트테이프 하나를 선물로 사다주었습니다.

'Middle School English Book 1'이라고 적힌

케이스 안에 여섯 개의 테이프가 들어 있었습니다.
중학교 1학년 영어 교과서 내용이 외국인의 목소리로
녹음된 테이프였습니다. 첫 번째 테이프를 들었을 때,
나는 신기한 외국어의 세계에 완전히 매료되었습니다.
듣고 또 듣다 보니 테이프는 하나둘 끊어져갔습니다.
마지막 남은 테이프가 끊어지던 때, 나는 책 한 권을
거의 외운 상태였습니다. 그 이후로 다른 과목은 몰라도
영어는 시험 점수를 떠나 평생 재밌었습니다.

      대학교 전공을 선택할 때도 영어를 쓸 수 있는
쪽이면 좋겠다 싶어서 무역학과에 진학했습니다.
다들 취업을 위한 영어로 토플(TOEFL)을 공부할
때였는데, 나는 취업 영어보다 실용 영어가 더 좋아서
토익(TOEIC)을 공부했습니다. 간단히 말하면 토플은
문법에 치중한 시험이고 토익은 듣기와 실용 영어에
좀 더 비중을 둔 시험입니다. 내가 토익을 공부할
때는 토익 교재가 몇 권 나와 있지 않았을 정도로
공부하는 사람이 적었습니다. 그런데 내가 취업할
즈음 기업들이 토플보다 토익 점수를 평가에 더
반영하기 시작했습니다. 간절한 소원 덕분이었는지
얼마 뒤 대기업에 입사하고 꿈꿔왔던 해외 업무를 하게
되었습니다. 누군가의 선물 하나가 내 삶의 방향에 크게

영향을 준 것입니다.

책을 노래로 만드는 직업을 갖게 된 것도 내 옆의 누군가에서 비롯되었습니다. 어릴 때부터 음악을 정말 좋아했던 나는 초등학교 시절 늘 악대부에 속해 있었고, 중고등학교 때는 합창반 활동에 열심이었습니다. 그러다 스무 살 되던 해에 대학 입학을 축하한다며 아버지 친구분이 선물로 기타 한 대를 사주셨습니다.

기타라는 악기는 새롭고 신비한 세계였습니다. 음악인들은 기타를 두고 '작은 오케스트라'라고 말합니다. 그 안에 복잡한 음의 세계가 다 들어 있다는 뜻입니다. 작곡은 소리의 물길, 특히 화음의 물길을 만들어가는 것인데, 기타는 그 화음의 물길을 따라 나아가는 가장 멋진 배가 틀림없습니다. 여섯 줄에서 나오는 화음과 즐겁게 노닐던 나는 자연스레 작곡을 익혔고, 직장을 다니면서 150여 곡을 창작하게 됩니다. 그것이 내가 하는 북콘서트의 시작이었습니다. 다시 태어난다 해도 같은 선택을 하고 싶을 만큼 행복한 직업을 갖게 되었습니다.

나는 스무 살부터 책을 읽으면서 인생의 가장 큰 목표를 또렷하게 세웠습니다. 그것은 '노동과 예술의 균형이 있는 삶'이었습니다. 즉 생산적인 노동을 하면서 생계를 유지하고, 예술로 정신을 키워가자는 것이었죠.
옛말로 하자면 낮에는 농사짓고 밤에는 글을 읽는
주경야독의 삶입니다.

그러나 막상 사회생활을 시작해보니 학생 때
꿈꾸던 주경야독을 실천하기란 결코 쉽지 않았습니다.
새벽밥을 먹고 출근해서 캄캄한 밤이 될 때까지 숨 돌릴
틈 없이 일해야 했습니다. 나라 전체가 주 6일 근무였고
지금처럼 정시 퇴근이란 말은 아예 세상에 존재하지
않았습니다. 매일같이 야근을 했고 수시로 회식에
불려갔습니다.

처음엔 누구나 회식을 싫어합니다. 그러나 저녁
없는 삶을 매일 살다 보면 회식 자리에서 술을 마시는
일 외에 다른 즐거움이 없어집니다. 정신을 지키고자
갖은 애를 써도 이 세상은 우리를 너무나 거대한 괴물의
모습으로 변모시킵니다. 많은 선배들이 나를 보고
'우리도 처음엔 다 맑은 정신을 지키고자 애썼어. 너도
곧 우리처럼 될 거야' 하고 말하며 웃었습니다.

매일 퇴근길에 나는 다짐했습니다. '나는
그들처럼 살지 않을 거야.' 지금 생각하면 상당히 오만한
마음가짐이었습니다. 그들은 직장에서 잘 인내하며 더
높은 자리에 계속 도전했던 열정 넘치는 사람들이기도

했으니까요. 다만 그때의 나는 그 정도까지 헤아릴 인생의 지혜는 없었습니다.

늦은 밤 집에 와서 졸린 눈을 비비며 조금이라도 책을 읽었습니다. 내가 지금 뭐 하고 있나 회의가 들 때도 많았습니다. 그러나 나는 스무 살의 내 꿈을 믿었습니다. 그 꿈이 나를 저버리지 않을 거라고 믿었습니다. 밤마다 책을 읽고 글을 쓰고 노래를 만들었습니다. 누가 시킨 것도 아니고 먹고사는 데 도움이 되는 일도 아니었습니다. 그냥 내 정신을 지키는 게 좋아서, 또 블로그 이웃들에게 노래를 선물하는 게 좋아서 창작 활동을 이어갔습니다.

그러던 어느 날 방송국에서 연락이 왔습니다. 내가 직장 생활을 하면서 책 노래를 만드는 과정을 지켜보던 방송국 작가가 내 얘기를 듣고 싶어 했습니다. 몇 번의 회의를 거쳐 촬영에 들어갔습니다. 첫 방송 출연치고는 매우 큰 프로그램이었습니다. 그분은 또 한 번 내 인생에 새로운 길을 내주었고, 이후에도 수많은 무대에 서게 해주었습니다. 이런 방식으로 내 옆의 누군가는 나타납니다.

다른 방송에도 나가고 공연 횟수가 점점 늘어나던 와중에 이번에는 출판사에서 연락이 왔습니다. 어딘가에 내가 발표한 글을 봤는데 더 많은 글을 보고 싶다는 거였습니다. 나는 책을 출간해 작가의 길로 들어서고 분에 넘치는 상도 받게 되었습니다.

     이렇듯 우리 삶은 '내 옆의 누군가'에 의해 만들어져갑니다. 우리가 아무리 자신의 길을 열심히 걸어가도, 우리 눈이 볼 수 있는 거리는 한정되어 있습니다. 나 자신보다 더 멀리 내다볼 수 있는 사람은 나와 다른 곳에 있는 '다른 사람'입니다. 마치 등대가 뱃길을 비춰주는 것처럼요. 내 인생의 결정적인 전환점들은 모두 이런 '다른 사람'에 의해서 만들어졌습니다. 그래서 인생은 오직 감사로만 가득 채워져야 합니다. 은혜를 저버리는 사람, 자기가 잘나서 이렇게 되었다고 생각하는 사람은 더 멀리 내다볼 전망대를 스스로 버리는 것입니다. 그래서 곧 길을 잃게 됩니다.

     내 옆의 어떤 사람이 아닌 내 옆의 책 한 권으로 삶의 큰 변화를 겪은 경우도 있습니다. 경기도의 어느 고등학교에서 만난 여학생의 이야기를 듣고 난 뒤, 나는 무엇이 좋은 책인가에 대해 다시 한번 깊이 생각하게 되었습니다. 북콘서트 중 퀴즈를 맞힌 학생에게 선물을 주며 본인에게 책이란 무엇인가 물었더니, "책은 두 번째 인생이다"라고 대답했습니다. 왠지 모르게 그냥 쉽게 하는 대답이 아닌 느낌이 들어서 책이 왜 본인의 두 번째 인생인지 다시 물었습니다. 그랬더니 놀라운 대답이 들려왔습니다.

"중3 때 극단적 선택을 시도한 적 있어요. 병원에서 깨어나 보니 친구들이 병문안을 왔다 갔더군요. 그런데 그중 한 친구가 책을 한 권 놓고 갔어요. 내가 병원에 오래 입원해 있을 것 같으니까 심심하면 읽으라고 놓아둔 거예요. 인생에 의욕을 잃었던 나는 그런 거 눈에 들어오지도 않았어요. 며칠이 지나고 구름이 가득 끼었던 마음이 조금 맑아지면서 그 책이 눈에 들어왔어요. 정말 조금 심심해지기도 했고요.

몇 페이지를 읽어봤어요. 읽을 만하더라고요. 그러다 몇십 페이지를 넘겼어요. 마구 재밌고 그런 건 아니었지만 이왕 시작한 거 끝까지 읽어보자 하며 결국 다 읽었어요. 근데요, 다 읽고 나서 내가 무슨 생각을 했는지 아세요? 다시는, 다시는 내 인생을 함부로 대하지 않겠다고 다짐했어요. 나도 좀 황당했어요. 그 책을 읽으며 내 마음이 마구마구 움직이고 그런 건 아니었거든요? 그냥 담담하게 읽어나갔는데 나도 모르게 그렇게 다짐한 거예요."

내가 물었습니다. "아니, 그 책의 어떤 부분에 그리 마음이 끌린 건가요?"

"뭐, 별거 아니에요. 마법의 숲에 끌려 들어간 동생을 찾으러 가는 오빠의 이야기인데요. 온갖 어려움을 이겨내고 때로는 서로를 위해 희생하면서 남매가 마법의 숲을 탈출하는 내용이었어요. 오빠가 동생을, 동생이 오빠를 살리려는 대목들을 읽으면서 누군가 나를 살리고 싶어 한다는 느낌을 받았어요. 근데, 읽지 마세요. 실망할 수도 있어요."

학생의 이야기가 끝나자마자 거기 모인 모든 학생이 박수를 쳤습니다. 가까운 친구들한테도 한 적 없는 자신만의 숨겨둔 이야기를 그날 꺼낸 겁니다. 듣고 있던 우리 모두에게 궁금한 게 생겼습니다. "그래서 그 책의 제목이 뭐에요?" 학생은 우리 보고 굳이 읽지는 말라고 얘기했습니다.

나는 집에 오자마자 『그림자 숲의 비밀』(매트 헤이그 지음, 이진서 그림, 박현주 옮김, 미래엔아이세움, 2009)을 주문했습니다. 판타지 동화라서 어느 정도 재밌게 읽었습니다. 물론 어른인 나한테 엄청나게 흥미로운 이야기는 아니었습니다. 그런데도 책장에

꽂아둔 그 책이 특별하게 보였습니다. 어떤 책이 좋은 책일까 다시 생각하는 계기가 되었습니다. 좋은 책이란 '내 마음을 가장 많이 움직이는 책'으로, 읽는 사람에 따라 마음을 움직인 정도가 달라집니다. 나한테는 그저 그런 이야기가 누군가에겐 또 다른 삶을 다짐하는 절실한 이야기가 될 수도 있는 것입니다.

내 옆의 누군가는 내 인생의 방향을 조금씩 틀어주는 역할을 합니다. 한 사람의 인생은 수천만 갈래의 길로 이어질 수 있습니다. 내 옆의 누군가 또는 무언가에 의해 길은 조금씩 방향이 달라지고 있습니다. 어떤 방향으로 나아가든 그것은 소중한 인생의 여정입니다. 그래서 내 옆의 누군가, 무언가는 소중합니다.

나는 하루도 빠짐없이 지금의 나를 만들어준 분들을 생각합니다. 내가 그분들에게 보답하는 길은 무엇일까 깊이 고민합니다. 아무 조건 없이 누군가에게 이런 혁명 같은 선물을 주는 사람들을 나는 이해하기 어렵습니다. 하지만 나도 그런 인생에 도전해보고 싶습니다. 우연히 내 옆에 있었던 누군가가 내 인생을 빚은 것처럼, 나도 누군가의 인생에서 가장 위대한 것을 발견해주는 옆 사람이 되고 싶어서 오늘도 주위를 돌아보며 길을 갑니다.

2

격려와 응원을
찾고 싶은 너에게

말이 가져오는 기적들

세상의 의미 깊은 일은 그만큼의 어려움을
동반합니다. 그 어려움을 사명처럼, 인생의
동반자처럼 마음에 새기는 사람이 많을수록
세상은 더 좋아지지요. 여러분이 그런 사람이
될 수도 있고, 여러분으로 인해 누군가가
그런 사람이 될 수도 있습니다.

✱

응급실이란 곳 한 번쯤은 가봤죠? 주로 우리가 진료를 받기 힘든 시간이거나, 급한 의료 처치가 필요한 상태일 때 가게 됩니다. 이 응급의료센터의 상위 개념으로 권역외상센터가 있는데, 이곳은 일반 응급실의 처치 범위를 넘어서는 중증외상환자를 위한 치료 시설을 말합니다. 권역외상센터가 각 지역에 설립되면서 우리나라는 심각한 외상환자의 사망률이 많이 줄었습니다.

꼭 필요한 시설임에도 이것이 우리나라에 설립되는 과정은 쉽지 않았습니다. 관련 법률 개정과 시스템 도입이 계속 미루어지다가, 2012년 이른바 '이국종법'이 통과되고 한국 최초의 권역외상센터가 탄생하게 됩니다. 이 과정에서 중요한 역할을 한 분이 아주대학교병원 '이국종' 교수입니다.

여러분은 진로에 대해 매일 생각할 겁니다. 자신의 인생을 어떤 일에 쏟아부을까, 편한 일, 안정적인 일, 어려운 일, 뜻깊은 일, 신나는 일 등등 방향이 참으로 많습니다. 이국종 교수의 삶을 통해 여러분의 직업 선택에 대해 깊이 생각해보길 바랍니다.

그의 아버지는 한국전쟁 때 몸을 다친 상이군인이었습니다. 나라를 지키는 숭고한 일을 하다 부상을 입은 아버지를 두고, 동네 친구들은 어린 이국종을 마구 놀렸습니다. 그것 때문에 친구들과 싸우고 돌아온 날은 부모님에게 꾸중을 들었습니다. 아버지는 소년 이국종에게 말했습니다. "군인은 나라를 위해 목숨을 바쳐 싸워야 한다. 나는 그걸 지켰다. 너는 학생의 본분을 지켜서 열심히 공부하거라." 그때부터 소년은 아버지의 뜻을 받들어 열심히 공부했습니다.

축농증이라는 병을 앓고 있던 소년 이국종은 치료를 받기 위해 병원을 찾아갔습니다. 그런데 국가유공자에게 주어지는 의료복지카드를 내밀 때마다 병원들이 진료를 거절했습니다. 세상이 불공평하다고 느끼며 그는 마지막 한 곳을 더 들렀습니다. 거기서 만난 의사로 인해 소년 이국종의 인생이 바뀌게 됩니다.

또 거절당할까 걱정하며 국가유공자 의료복지카드를 내밀자, 김학산 원장이 이렇게 말합니다. "아버지가 자랑스럽겠구나. 나라를 지킨 훌륭한 아버지를 두었으니 진료비를 받지 않으마. 열심히 공부해서 너도 아버지처럼 훌륭한 사람이 되거라." 소년은 매우 놀랐습니다. 아버지의 장애 때문에

받는 놀림과, 나라에서 주는 밀가루로 끼니를 잇는
가난에 지긋지긋하게 시달리던 소년이 처음 듣는 전혀
다른 세상의 말이었습니다. 마음이 뜨거워진 소년은
이렇게 대답합니다. "저도 커서 원장님처럼 훌륭한
의사가 되고 싶습니다." 그 다짐은 한 방울도 증발되지
않는 노력으로 이어졌고, 소년은 결국 의대에 들어가게
됩니다.

　　　　의료계의 모든 분야가 그렇겠지만, 응급센터
특히 권역외상센터 업무 강도는 상상을 초월합니다.
단순히 생업의 개념으로는 버틸 수가 없는 곳입니다.
권역외상센터의 어느 의사가 1년 동안 집에 겨우 네
번 갔다는 이야기도 있습니다. 고강도의 업무 말고도
권역외상센터가 유지되는 데에는 또 다른 장벽이
있습니다. 정부에서 지정해서 하긴 하지만, 사실
권역외상센터는 재정적 균형을 맞추기 힘든 곳입니다.
대부분의 환자가 삶과 죽음의 경계선에 있기에 진료에
필요한 시설과 의약품 구비를 아끼지 않아야 하고,
중증 사고의 특성상 사회 저소득층 환자가 많아
진료비를 확보하는 데 어려움이 큽니다. 이국종 교수를
비롯한 권역외상센터 의사들은 위급 환자뿐 아니라
이런 열악한 환경과도 매일 맞서야 합니다. 이분들은

스스로의 결단으로 가장 힘든 의료인의 길을 가고 있습니다. 거의 모든 일이 1초를 다투는 일입니다. 그래서 이국종 교수의 책 제목도 『골든아워』(흐름출판, 2018)입니다. 사람을 살릴 수 있는 한정된 시간이라는 뜻입니다.

의료란 매우 힘든 일이지만, 세상에 꼭 필요한 일입니다. 우리 중에 아무나 그런 길을 갈 수 있는 건 아닙니다. 조금 더 단단한 결심을 가진 사람이 그 길을 가게 될 것입니다. 그 '조금 더 단단한 결심'은 어디서 비롯될까요? 이국종 교수의 경우 어릴 적 만났던 동네 병원 원장님의 영향이 컸습니다. 그분의 격려가 없었다면 이국종 교수는 의사가 되었더라도 이렇게 힘든 길을 자원해서 가지 않았을지 모릅니다.

나는 고등학교 시절 대부분을 열등생으로 보냈습니다. 1, 2학년 내내 반 평균 점수를 끌어내리는 천덕꾸러기 취급을 받았죠. 내가 공부를 안 한 이유가 있었습니다. 시골에서 큰 꿈을 안고 도시로 왔는데, 배정받은 학교가 신설이어서 주변 환경이 열악했습니다. 그야말로 산속에 덩그러니 학교만 있는 상태였습니다. 버스에서 내려 학교까지 산을 넘어가야 했는데, 비가

오면 신발과 바지가 진흙더미가 되었습니다.

부모님께 전학을 보내달라고 부탁했지만 소용없었습니다. 나중에는 전학 안 시켜주면 공부를 포기하겠다고 떼를 썼습니다. 부모님과의 팽팽한 신경전 속에서 성적은 가파르게 떨어졌습니다. 꼴찌를 해서 부모님께 큰 실망을 안겨드리려고 모든 애를 쓴 결과, 드디어 꼴찌 부근까지 갔습니다. 우리 반 꼴찌 친구 옆자리로 옮겨서 그 친구의 학습 패턴을 다 따라 했는데도 꼴찌를 달성하지는 못했습니다. 나에게 끝까지 꼴찌를 양보하지 않은 짝꿍, 많이 그립습니다.

꼴찌 직전의 성적표를 아버지에게 내밀었더니, 깊은 한숨을 쉬면서 말씀하셨습니다. "다시는 너에게 공부하라고 얘기하지 않으마." 그때 아버지의 표정은 평생 가슴에 남아 나를 슬프게 합니다. 왜 그랬는지 나도 모르겠습니다. 내가 아버지에게 했던 인생 최대의 반항이었을 겁니다.

고1 때 성적표를 지금도 가끔 꺼내 봅니다. 거기에는 이렇게 적혀있습니다. "현실을 직시하지 않고 허황된 생각을 하고 있다." 반 평균 성적을 갉아먹는 아이가 담임선생님에겐 비현실을 사는, 정신을 똑바로 차리지 못하는 아이로 보였던 것 같습니다.

그럴싸한 꿈을 말하지만 노력은 하지 않는 아이
말입니다. 세월이 흐르고 나니 그때 담임선생님한테도
미안합니다. 만날 여기저기서 구박받으니까 성적은
계속 곤두박질쳤습니다. 그때 내가 학교를 가는 유일한
즐거움은 합창반 활동이었습니다. 수업이 끝나면
음악실에 가서 청소도 하고 노래를 불렀습니다.
혼자서도 부르고 친구들과 함께 부르기도 했습니다.

음악 선생님이 나보고 음대를 가보는 게
어떻겠냐 제안했습니다. 물론 음대를 가더라도 공부를
소홀히 해서는 안 된다고 했습니다. 내가 좋아하는
일을 하려면 그 일이 요구하는 최소한의 것은 해내야
한다는 말씀이었습니다. 그래서 고2 여름방학 때부터
다시 공부를 하기 시작했습니다. 여름방학이 끝나고 첫
시험을 봤습니다.

나한테 별 관심을 두지 않았던 담임선생님이
수업 시간에 나를 불러 세웠습니다. 구박을 예상했던
나는 고개부터 숙였습니다. "이번 2학기 첫 시험 결과가
나왔다. 누구나 땀띠 나도록 노력하면 제갈인철처럼
성적이 올라갈 수 있다. 지금부터 학교가 떠나갈 듯이
인철이에게 박수를 쳐준다. 실시!" 친구들의 와아아
하는 함성과 함께 큰 박수를 받았습니다. 2학년 내내 그

선생님 앞에서 게으른 척이라도 하기 힘들었습니다.

고3이 되어 담임선생님도 바뀌었고, 학기 초에 개별 면담을 하게 되었습니다. 나는 1년 내내 선생님과 이어갈 악연을 걱정하며 고개를 숙이고 상담실 문을 열었습니다. 선생님은 한눈에 보기에도 끔찍한 그간의 내 성적표를 펼쳤습니다. 불호령 외에 더 기대할 것이 없었죠. 그런데 이게 무슨 일인가요. 선생님은 뜻밖의 말씀을 하셨습니다. "너는 아주 좋은 학교를 갈 수 있는 머리와 성실함을 갖고 있다. 할 수 있는데 네가 안 하고 있단 말이다. 1년만 바짝 해봐!" 그 말을 듣고 나는 마음이 크게 부풀었습니다. 이제야 세상이 나의 가치를 알아보기 시작한 건가! 죽도록 공부만 했습니다.

고3 학생들은 다 알겠지만, 내가 노력하는 만큼 다른 친구들도 똑같이 열심히 하기 때문에 반 학생들의 3학년 초반 성적과 후반 성적이 거의 변동 없이 가기 마련입니다. 그런데도 나는 매달 성적이 올라갔습니다. 다달이 모의시험을 볼 때 감독 선생님은 내 옆에서 부정행위가 없는지 각별히 살피기도 했습니다. 결국 동경하던 수도권의 학교로 갈 성적을 얻었습니다. 하지만 집안 사정으로 인해 지방 국립대 장학생으로 들어갔습니다.

고등학교 졸업식 날, 친구들과 사진을 찍으면서 3학년 담임선생님 면담 때문에 내가 좋은 성적을 얻게 되었다고 고백하자, 다른 친구들도 이구동성으로 "야, 나도 그 말 들었어. 순진하게 그걸 믿었냐?"라고 했습니다. 나는 1년 동안 착각 속에서 공부했습니다. 선생님은 모든 아이들에게 똑같은 얘기를 해주셨습니다. 담임선생님이 점잖고 격려를 아끼지 않는 따뜻한 분이기에 누구에게나 그런 말씀을 하신다는 걸 많은 다른 친구들은 모두 알고 있었습니다. 나만 순수한 믿음을 갖고 죽어라 달렸던 겁니다.

그런데 여러분, 담임선생님이 반 평균을 올리기 위해 하셨던 건조한 말씀에도 마법은 일어났습니다. 똑같은 말도 받아들이는 사람에 따라 그 말은 무게를 달리합니다. 가끔 그 시절을 떠올리면 순진했던 내 모습에 웃음이 나옵니다. 어쩌면 친구들의 생각과는 달리 선생님은 학생 한 명 한 명의 가능성을 보고 그 말씀을 진심으로 하셨을지도 모릅니다. 나는 선생님이 정말 그랬다고 생각합니다.

돌이켜 보면 음악 선생님이 최소한의 공부를 시작하도록 해주었고, 2학년 담임선생님이 공개적으로 칭찬을 해주었고, 3학년 담임선생님이 인생에서 매우 중요한 동력을 주었습니다. 모든 격려와 응원은 선하고 아름답습니다. 그러니 스스로에게 매일 격려와 응원을 아끼지 말아주세요. 자신을 격려할 줄 아는 사람이 남을 응원하게 됩니다.

　2016년 브라질 올림픽 펜싱 결승전. 한국의 '박상영' 선수는 경기 막바지에 4점 차로 지고 있었습니다. 누가 봐도 은메달에 만족해야 할 상황에서 박상영 선수가 뭐라고 혼잣말을 하고 있었습니다. 그것을 본 카메라가 선수의 얼굴을 크게 비추었습니다. 전 세계인은 몰랐겠지만 대한민국 사람은 그게 "할 수 있다. 할 수 있다"라는 말이란 걸 알았습니다. 그의 말이 되풀이될 때마다 점수가 올라갔습니다. 결국 5연속 득점을 하며 금메달을 목에 걸었습니다. 몸이 무너지면 정신이 일으켜 세우고, 정신이 무너지면 한마디 말이 일으켜 세울 수 있다는 걸 보여준 기적이었습니다.
　행동하기보다 마음먹기가 쉽고, 마음먹기보다 말하기가 쉽습니다. 미국의 자동차 왕 '헨리 포드'는 말했습니다. "만약 당신 앞에 감당하기 힘든 과제가 놓여 있다면 가장 쉬운 것부터 해보세요. 그러다 보면 그 과제가 힘든 게 아니란 걸 알게 될 겁니다." 포드의 말대로라면, 우리가 행동하기도 마음먹기도 어려울 때는 우선 긍정의 말부터 선포해봐야 합니다.

  이국종 교수는 어릴 적 받았던 격려를 인생의 동력으로 삼아 힘든 일을 헤쳐나갔습니다. 세상의 의미 깊은 일은 그만큼의 어려움을 동반합니다. 그 어려움을 사명처럼, 인생의 동반자처럼 마음에 새기는 사람이 많을수록 세상은 더 좋아지지요. 여러분이 그런 사람이 될 수도 있고, 여러분으로 인해 누군가가 그런 사람이 될 수도 있습니다. 나는 이국종 교수의 험난한 인생 이야기를 접하고, 내가 만나는 모든 의사 선생님들에게 더 많은 감사와 존경을 표하고 있습니다. 그리고 이국종 교수처럼 안락함보다는 인생의 참된 의미를 조금 더 찾아가는 인생을 살고자 마음먹습니다.

  의사의 길이 아니더라도 자신의 분야에서 좀 더 숭고한 뜻을 가지고 일하면 됩니다. 몸을 살리는 의사처럼, 우리도 각자의 삶에서 옆 사람의 인생을 살리는 마음의 의사가 될 수 있습니다. 법률 변호사가 아니더라도, 어려움에 처한 사람을 변호하고 힘이 되어주는 마음의 변호사가 될 수도 있습니다. 내가 지금 하고 있는 일에서 조금 더 의미 있는 일이 무얼까 찾아보면 좋겠습니다. 힘든 일도 다 헤쳐나갈 수

있습니다. 우리를 아끼는 누군가가 응원과 격려를
해주고 있기 때문입니다. 응원의 말 속에는 기적의
씨앗이 숨어 있습니다.

3
인생의 참된 의미를
찾고 싶은 너에게

『노인과 바다』에서 건져 올리는
열 가지 인생 교훈

인생의 진정한 가치는 결과물에 있지
않습니다. 인생이 한낱 결과물로
평가받는다면, 인생의 수많은 우연이 만드는
결과물이 우리의 존재 가치를 결정한다면,
우리의 진심과 노력과 선한 과정들은
허무해집니다. 그래서 인생의 가치는 뭔가를
얻어나가는 과정과 그 길목에 우리가 남기는
흔적에 있습니다.

＊

여러분, 작가는 세상과 사이좋게 잘 지낼 때 작품이 잘 나올까요, 아니면 세상과 불편하게 지낼 때 잘 나올까요? 많은 작가에게 물어본 결과, 세상과 불편한 관계일 때 잘 써진다고 합니다. 그래서 일부러 불편한 환경으로 자신을 밀어 넣어 좋은 작품을 내놓는 경우도 많이 생깁니다.

헤밍웨이는 세상과의 불협화음을 찾아다녔습니다. 크고 작은 전쟁터에 뛰어들어 참혹한 인간 세상을 목격하고는 『누구를 위하여 종은 울리나』 같은 역작을 펴냈고, 쿠바에서 드넓고 거친 바다와 맞서던 경험을 토대로 『노인과 바다』를 발표합니다. 생각이나 마음이 아닌, 몸으로 부딪쳤던 세상의 모습들을 담아냈으니, 살아 숨 쉬는 작품이 나올 수밖에요.

소설 『노인과 바다』는 평생 고기잡이를 한 늙은 어부 '산티아고'가 청새치 한 마리를 잡아 돌아오다가 상어 떼의 습격을 받아 죽을힘을 다해 싸우지만, 결국 청새치의 뼈만 남겨 온다는 단순한 이야기를 담고 있습니다. 그러나 그 안에서 길어 올릴 수 있는 의미와 교훈은 무궁무진하지요. 깊고 넓은 명작의 바다에 우리 마음의 낚싯줄을 던져보고자 합니다.

1. 오늘은 오늘의 희망이 있습니다

주인공은 평생 고기잡이만 해온 베테랑 어부이지만, 무려 84일 동안 고기를 한 마리도 못 잡았습니다. 이웃들은 이제 고기잡이를 그만둘 때가 되었다며 더 이상 바다에 나가지 말라고 권합니다. 노인은 이런 절망의 상황 속에서도 매일 새로운 가능성을 바라봅니다. 어제 실패했다고 오늘 또 실패할 거라고 믿지 않습니다. 자신은 이제 늙어서 평생의 운을 다 썼지만, 오랜 세월 쌓아온 노하우가 있기에 해볼 만하다는 자신감이 충만합니다.

  희망은 지금 우리의 소유가 많고 적음과는 상관없습니다. 어쩌면 희망은 환경이 열악할수록 더 커집니다. 어제의 절망은 오늘의 절망으로 이어지지 않습니다. '오늘은 어제와 다르다'는 희망이 만들어낸 걸까요. 힘없는 노인 산티아고가 나아가는 바다에는 커다란 청새치가 기다리고 있습니다.

2. 당기지만 말고 풀어줄 때도 있어야 합니다

갑자기 줄이 팽팽하게 당겨집니다. 엄청난 크기의 청새치 한 마리가 낚싯줄에 걸린 겁니다. 그런데 마치 어부와 물고기가 바뀐 것처럼 청새치는 오히려 노인을 끌고갑니다. 자신이 감당하기 힘든 물고기가 걸렸다는 것을 알고 난 후, 노인은 밀고 당기기를 반복합니다. 오랜 어부 생활에서 얻은 최고의 전략입니다. 경험 적은 젊은 어부들은 물고기를 꺾을 생각으로 가득 차 있을 테지만, 베테랑 어부는 그러다간 인간이 당한다는 것을 잘 압니다. 그래서 물고기가 스스로 발버둥 치며 힘을 빼도록 당겼다 풀었다를 반복합니다.

 인간은 거대한 자연 앞에 이렇게 맞서야 하고, 인생은 휘몰아치는 시간 앞에 이런 유연한 태도를 보여야 합니다 세상의 모든 일과 정면으로 뻣뻣하게 대치하는 것은 현명하지 못합니다. 내 마음을 다스리고 힘을 조절하면서 다음 타이밍을 기다리는 물러섬의 시간도 필요합니다.

3. 어떤 줄은 잠시라도 놓으면 안 됩니다

거대한 청새치와 연결된 줄 때문에 노인의 손은 피로 얼룩지고 쓰라립니다. 하지만 그 어떤 상황에도 노인은 줄을 놓지 않습니다. 줄을 배에 묶으면 아픈 손을 잠시 쉬게 할 수 있지만 노인은 그 방법을 택하지 않습니다. 청새치가 갑자기 심하게 발버둥 칠 경우 줄이 끊어질 수 있기 때문입니다. 노인은 쓰라린 손으로 줄을 쥐고서 밀고 당기기를 반복합니다.

우리도 인생에서 가장 중요한 것, 잃어버려선 안 될 것은 꼭 붙잡고 있어야 합니다. 정말 아무것도 하기 싫은 순간도 생깁니다. 그럴 때도 가장 중요한 줄은 놓지 말아야 합니다. 놓지 말아야 할 줄이 무엇이고, 가끔씩 당겨야 할 줄이 무엇인지를 구분하는 지혜도 길러야 합니다.

노인이 온전히 두 손의 힘으로만 줄을 잡았던 것은 아닙니다. 손이 너무 아플 때나, 배고파서 뭔가를 먹는 순간에 잠시 줄에 가해지는 힘을 분산시키기도 합니다. 팽팽한 삶의 긴장을 덜어줄 요소들을 평소에 잘 준비해두는 것도 중요한 일입니다.

4. 모든 일은 양면성을 띱니다

청새치와 사투를 벌이면서 노인은 깨닫습니다. 자신을
먹여 살려온 고기잡이 일이 지금은 자신을 죽이려
한다는 것을요. 노인은 고기잡이가 평생의 밥벌이였고
그 덕분에 생존해왔습니다. 그런데 그 일이 지금은
노인을 죽음의 문턱으로 끌어당기고 있습니다.

      우리가 매일 마주하는 세상의 모든 일이 이런
양면성을 띱니다. 학생의 본분을 잘 지키는 것은 더
나은 미래를 품게 하는 일인 동시에 오늘 하루의
무게를 더하는 일이기도 하지요. 인류의 숙명인
노동은 우리에게 달콤한 결실을 주기도 하고, 삶을
지긋지긋하게 만들기도 합니다. 이렇게 우리 앞에
놓인 모든 것들은 두 얼굴을 한 채 우리를 혼란스럽게
만듭니다.

      자기 앞에 놓인 '죽이는 일'과 '살아가게
하는 일' 중에서 노인은 후자를 선택합니다. 그는
자신의 운명에게 절망이 아닌 희망이라는 이름을
붙여주었습니다. 어쩌면 매일 우리에게 다가오는
일들은 좋은 일과 나쁜 일, 두 부류로 나뉜 게 아니라,
그저 하나의 일에 우리가 좋거나 나쁘다고 가치를

매긴 것에 불과할지도 모릅니다. 만약 그렇다면 우리가 어떤 이름으로 부르느냐에 따라 삶의 방향이 달라지는 겁니다.

　　　　이웃집 소년 '마놀린'도 노인처럼 희망과 긍정을 선택합니다. 바다와의 싸움에서 겨우 살아 돌아온 노인이 낡은 침대에 몸을 누이자, 마놀린은 노인의 상처투성이 손을 잡고 눈물을 흘립니다. 상어 떼에게 지고 말았다고 노인이 부정적인 말을 하자, 소년은 청새치한테는 지지 않았다고 긍정적으로 대답합니다. 마놀린의 말 속에 놀라운 삶의 발견이 들어 있네요. 노인은 상어한테 진 것이 아니라 청새치를 이긴 것이었습니다. 이렇게 부정과 긍정은 동전의 양면처럼 붙어 있습니다. 우리에게 부정적인 일이 생긴다면 해답을 찾으러 멀리 갈 필요가 없습니다. 가장 가까이에 있는 뒷면을 보세요. 거기에 반드시 긍정이 있습니다. 넘어진 자리는 곧 일어설 자리입니다.

5. 고통은 살아 있다는 가장 명확한 증거입니다

상어 떼와 싸우다가 지친 노인은 비몽사몽간에 자신이 죽었는지 살았는지 모를 지경까지 이르렀습니다.

모든 것이 희미한 가운데, 딱 한 가지 선명한 게
있었습니다. 바로 고통입니다. 밧줄이 마구 할퀴어댄
손을 오므렸다 폈다 하면서 노인은 극심한 고통을
느끼고, 아이러니하게도 그 고통으로 인해 살아 있음을
자각합니다.

　　　만약 통증을 느끼지 못한다면 지구의 생명체는
생존이 어려울 겁니다. 사람은 아프기 때문에 더 큰
아픔을 막아냅니다. 우리 몸이 날카롭거나 뜨거운
것에 닿으면 고통을 느끼고, 곧바로 위험 요소로부터
떨어지게 됩니다. 자잘한 병이 있는 사람은 자주 병원에
가기 때문에 큰 병도 미리 찾아냅니다. 그러므로 아픔은
우리를 생존케 하는 강력한 무기입니다.

6. 인간은 결국 이겨내는 존재입니다

상어 떼와 사투를 끝내고 잠시 평화가 찾아왔을
때, 노인은 뜯겨나간 청새치의 몸통을 바라보며
중얼거립니다. "인간은 파괴당할 수는 있어도
패배하지는 않아." 이 소설에서 가장 유명한
문장이기도 합니다. 상어 떼는 노인에게서 청새치의
살점을 빼앗아갔지만 인간이 어떤 일을 할 수 있는지

보여주겠다는 노인의 의지는 꺾지 못했습니다.

운명이 우리 삶의 외적인 것(소유물)을 무너뜨릴 수 있겠지만, 내적인 것(마음, 의지)은 함부로 패배시킬 수 없다는 뜻입니다. 마치 노량해전에서 왜군의 탄환이 이순신 장군의 몸을 쓰러뜨리긴 했으나 장군의 정신은 영원히 무너지지 않고 지금까지 우리와 함께 살아 있는 것처럼 말입니다. 그 어떤 것에도 꺾이지 않는 내적인 것이 있기 때문에 인간은 연약한 듯하면서도 한없이 위대한 존재입니다.

7. 내 존재 가치를 확인시켜주는 사람을 가까이 두어야 합니다

마을 사람들은 노인에게 어부로서의 운이 다했으니 더 이상 바다에 나갈 필요가 없다고 핀잔을 줍니다. 그 소리를 들으면서 매일 바다로 향하는 노인의 마음이 편하지는 않았을 겁니다. 84일 동안 고기를 한 마리도 못 잡았으니 빈손으로 돌아올 때마다 동네 사람들 보기에 얼마나 부끄러웠을까요. '정말 나는 어부로서의 운명이 끝난 걸까. 더 이상 바다로 나가지 말아야 하나?' 이런 생각이 많이 들었을 겁니다. 그때 마놀린이 노인의

존재 가치를 확인시켜줍니다. 노인은 자신에게 아직
가르쳐줄 게 많은 최고의 멘토라며 노인에게 계속
희망을 불어넣습니다.

자신에게서 다 빠져나가버린 운을 소년이
가져오겠다는데, 그 사랑 넘치는 말을 듣고서 어떻게
희망을 버릴 수 있을까요. 내게 다가올 행운의 일부를
기꺼이 떼어 주고 싶은 대상이 있다면, 또 나한테
그래줄 누군가가 있다면 우리의 인생은 완전한 행복
그 자체입니다. 소년은 노인을 자신의 미래처럼 따르고
노인은 소년을 자신의 어린 날처럼 아낍니다. 그들의
마음은 서로에게 매 순간 흘러 오갑니다.

우리 마음의 물은 자꾸 들어오고 흘러나가야
상하지 않습니다. 공기나 물을 가장 신선하게 유지하는
방법은 순환이며, 가장 빠른 순환 방법은 먼저 내보내는
것입니다. 잘 내보내면 잘 들어옵니다. 여러분의
마음의 물은 누군가에게 잘 흘러가고 있나요? 우리들
가까이에는 친구, 선생님, 가족처럼 인생에서 정말
소중한 존재들이 있습니다. 그들의 존재 가치를
높여주는 것이야말로 내 존재 가치를 가장 높은 곳에
이르게 하는 최고의 방법입니다. 우리는 그런 사람을
가까이 두어야 하고, 또 그런 사람이 되어야 합니다.

8. 멀고 먼 꿈을 가져야 합니다

노인은 잠을 자며 사자가 나오는 꿈을 꾸길 좋아합니다.
평소에도 그렇지만 심지어 청새치와 대치하고 있는
어둠 속에서도 잠시 눈을 붙이며 사자 꿈을 꿉니다.
어쩌면 사자는 노인 자신이 도달하고 싶은 초월적
존재의 이미지일지도 모릅니다. 이 거대하면서
끝없는 힘을 가진 바다에서 생계를 이어가는 나약한
자신이지만, 그래도 거대한 바다와 맞설 수 있는 용맹한
존재를 꿈꾸는 게 아닌가 싶습니다. 노인은 잠들 때
사자 곁으로 달려갑니다. 이것은 노인이 사자와도
같았던 젊음의 시간을 현재로 끌어와 몸과 정신을 젊게
만드는 마법의 순간이지요.

  체 게바라는 실현 불가능한 꿈을 품자고
했는데, 이 실현 불가능한 꿈 하나가 우리를 영원한
젊음으로 이끌어줄지도 모릅니다. 현실주의자들은
손에 닿지도 못할 꿈이 왜 필요하냐고 할 것입니다.
그렇게만 살면 세상은 내게 그냥 이런저런 의미 없는
현상에 불과합니다. 현실적인 사람은 세상의 이치를
잘 파악하여 필요한 만큼 걷고, 필요할 때만 달릴
것입니다. 그런데 세상과 인생은 그런 것이 아닙니다.

걸어가도 되는 때인데도, 가슴이 뛰고 설레어서
뛰어가고 싶은 순간이 있습니다. 이상을 향해 숨차게
달려가는 순간, 우리는 비로소 진정한 인간으로
변합니다.

9. 우리 삶에는 상어의 시간이 기다리고 있습니다

언덕 위 카페에서 사람들이 해변을 내려다보고
있습니다. 해변에는 거대한 물고기의 등뼈가 물결에
이리저리 흔들리고 있습니다. 저게 뭐냐고 관광객이
묻자 카페 웨이터가 상어의 뼈라고 대답해줍니다. 동네
사람들은 청새치의 뼈라는 걸 대부분 알고 있을 겁니다.
그런데도 웨이터는 그 사실을 아는지 모르는지 그냥
상어 뼈라고 얘기합니다. 그래요. 어쩌면 그것을 상어의
뼈라고 말할 수 있을지도 모릅니다. 표면적으로는
노인이 상어한테 지고 왔지만, 어떤 의미로는 상어 떼를
이긴 노인이 상어가 졌다는 증거물을 매달고 돌아온
것일 수도 있기 때문입니다. 청새치의 뼈는 패배한
상어의 흔적이기도 합니다. 상어는 청새치의 살을 뜯어
먹었을 뿐, 노인의 의지를 꺾지 못하고 도망갔으니까요.
　　우리 삶에도 상어의 시간이 기다리고 있습니다.

상어는 우리가 미처 발견하지 못하는 곳에 숨어 있다가
갑자기 우리를 덮칠 것입니다. 그리고 우리는 가진
것을 뜯기게 됩니다. 그때 우리가 어떻게 해야 하는지를
이 소설은 가르쳐줍니다. 노인이 오랜 세월 쌓아왔던
지혜와 힘으로 상어와 맞섰듯이 우리도 우리의 상어를
물리쳐야 합니다. 많은 것을 빼앗길지라도 우리는
상어의 패배를 우리 생의 결과물로 남겨야 합니다.

10. 인생의 가치는 결과보다 '과정과 흔적'에 있습니다

이틀 밤낮의 싸움 뒤에 뼈만 남은 물고기를 끌고
돌아오는 길, 저기 해안의 불빛이 보일 때 노인은
생각합니다. 나는 무엇과 싸웠고 무엇에 패배했지?
내가 뭘 얻고 뭘 잃은 걸까? 배와 함께 흔들리는 생각
끝에 노인은 위대한 결론에 도달합니다. 내 인생은 뭘
얻고 잃은 게 아니라 그저 긴 여행이었을 뿐이구나. 그
여행의 흔적이 소중한 내 인생의 모든 것이구나.

　　　　인생의 진정한 가치는 결과물에 있지
않습니다. 인생이 한낱 결과물로 평가받는다면,
인생의 수많은 우연이 만드는 결과물이 우리의 존재
가치를 결정한다면, 우리의 진심과 노력과 선한

과정들은 허무해집니다. 그래서 인생의 가치는 뭔가를 얻어나가는 과정과 그 길목에 우리가 남기는 흔적에 있습니다.

사람들은 거대한 청새치의 뼈를 구경하면서 노인을 불쌍히 여길 것입니다. 그의 인생은 저 청새치 뼈처럼 남은 게 없다고요. 하지만 우리는 청새치의 뼈를 보면서 모든 걸 다 빼앗긴 삶이 아니라, 그 모든 살이 뜯겨나가도록 처절히 싸웠던 노인의 절박한 순간들을 깊이 바라보아야 합니다. 그 삶의 농도와 점성을 만져보아야 합니다. 그 결과물이 어떤 모습이든 간에 노인은 자신의 존재를 다 바쳐서 가장 큰 의미의 순간들을 얻어냈습니다.

마을에서 가장 늙고 약하지만 누구보다 어부로서의 삶에 충실했던 노인, 산티아고의 지혜와 투지를 가진다면 우리 앞에 도사리고 있는 상어들을 이길 수 있습니다. 상어와 맞서면 맞설수록 우리 삶은 더욱 반짝이는 흔적을 남기게 됩니다. 그 흔적이 바로 위대한 인생입니다.

4
내 마음의 목소리를
찾고 싶은 너에게

〈레미제라블〉 속 자베르의 고백

〈레미제라블〉에는 수많은 주인공이 저마다
삶의 답을 찾아서 먼 길을 떠나갑니다.
그들이 찾아 헤맨 답을 교과서처럼 이거다,
라고 말하는 순간, 삶은 싱거워집니다.
결론은 이거다, 주제는 이거다, 라고 쉽게
단정하지 않을수록 우리는 더 많은 것을 얻게
됩니다. 사람마다 가지는 느낌과 생각은
비슷할 수 있겠지만, 관건은 자신만의 언어로
답을 말해보는 것입니다. 그게 여러분이 평생
해야 할 진짜 공부입니다.

빅토르 위고의 소설을 원작으로 하는 뮤지컬 영화 〈레미제라블〉은 소설과는 또 다른 감동을 줍니다. 수많은 주인공이 등장하지만, 나는 이 영화에서 엄격한 원칙주의자 '자베르' 경감을 유심히 살펴보았습니다. 한평생 경찰로서의 자부심과 불타는 사명감으로 범죄자를 잡아들이던 자베르. 그가 만난 많은 범죄자 중에 '장발장'은 인생 최대의 악연이었습니다. 두 사람은 지겹도록 추격하고 놓치기를 반복합니다. 한번은 잠입 수사 중이던 자베르가 신분을 들키는 바람에 시민군에 붙잡힌 적이 있었습니다. 그러나 놀랍게도 장발장은 복수의 기회를 버리고 시민군 모르게 자베르를 풀어줍니다. 다시 그의 지긋지긋한 추격을 받게 될 것을 잘 알면서도요. 이 상황을 도저히 이해할 수 없는 자베르는 깊은 고민에 빠집니다.

'그동안 내가 그렇게 괴롭혔는데, 나한테 복수할 수도 있었는데 왜 풀어준 걸까? 나는 앞으로 어떻게 해야 하지? 그를 계속 추격해야 하나 아니면 이제 그만 놔줘야 하나?' 자베르는 모든 게 혼란스러워지기 시작했습니다. 장발장을 더 추격하느냐 마느냐의 문제

말고, 더 큰 혼란 하나가 자베르 마음속에 일었습니다. 자기가 확신에 차서 해오던 일의 의미가 안개처럼 뿌옇게 변하기 시작했지요.

그의 고민은 결국 빠져나올 수 없는 절망에 이릅니다. 장발장은 자신의 험하고 굴곡진 삶을 통해 인생의 의미를 조금씩 찾아왔고, 또 여전히 찾고 있는 중입니다. 자베르는 그 반대였습니다. 그에게는 선과 악이라는 두 가지 세상밖에 없었고, 악은 반드시 척결해야 하는 대상이었습니다. 그런데 자베르가 몰랐던 것이 하나 있습니다. 어떤 세상이든 절대 선과 절대 악은 없다는 사실입니다. 자베르가 받들었던 법은 그 당시 사회가 정한 불완전한 약속이었을 뿐입니다. 게다가 권력층에 의해 만들어진 당시의 그 법은 편향적인 가치를 띨 수밖에 없었습니다. 인간이 규정하는 선과 악은 시대에 따라 변하며, 개인이 처한 상황에 따라 조금씩 얼굴을 달리합니다.

자베르는 자신의 추격이 선이고 장발장의 도망이 악이라고 믿었습니다. 장발장의 행동들이 다른 사람들에게 선이었는데도 자베르에게는 그저 악일 뿐이었습니다. 우리는 누구나 자베르의 마음을 조금씩 갖고 있습니다. 똑같은 일 하나를 두고 내가 하면 신에 가깝고 남이 하면 악에 가깝다고 믿습니다. 이 작품 내용에서 예를 들자면 장발장이 성당의 촛대를 훔친 일을 두고 신부님은 어려운 처지에서 벗어나기 위해 어쩔 수 없이 저지른 작은 잘못이라 보았고, 자베르는 절대 용서받지 못할 큰 잘못이라 보았습니다. 이처럼 인간 세상의 여러 가치들은 나뭇잎처럼 조금씩 흔들립니다.

겉보기에 그 가치가 나뭇잎처럼 흔들릴지언정, 속은 단단히 뿌리를 내려야 합니다. 어디에요? 바로 인간의 마음속입니다. 인간 마음속 가장 깊은 곳에는 그 오랜 세월도 뒤흔들 수 없는 가치들이 단단히 박혀 있습니다. 문학과 예술은 그 뿌리 깊은 가치를 끌어내어 현시대에 맞는 잎을 피워냅니다. 빅토르 위고는 그 시대가 좇고 있었던 표면적 가치(선과 악)의 한계를 간파하고, 인류의 오랜 역사를 통해 굳어온 뿌리의 가치를 찾아냈습니다. 자베르의 잎을 떼어내고 장발장이라는 새로운 잎을 피워낸 것입니다. 바로 이런 것을 우리는 명작이라고 부릅니다. 우리가 현시대에서 좋은 작품을 찾으려고 할 때, 여러분이 좋은 책을 고를 때, 이런 기준으로 찾으면 됩니다.

자베르의 단순하고 냉혹한 세계는

붕괴되었습니다. 자베르는 그 원인을 제공한 장발장의
세계를 도저히 인정할 수 없었습니다. 그는 결국 강에
몸을 던집니다. 장발장이 그랬던 것처럼, 다른 세상이
자신을 구원할 수도 있다는 깨달음을 얻고 새로운
세상에 마음을 던졌으면 좋았을 텐데, 자베르는
자신의 세계를 끝까지 버리지 못했습니다. 그의 선택은
어리석은 면이 많습니다. 그러나 지금 우리 삶에서
자베르의 고민도 가끔 필요합니다. 자베르는 어떤
면에서는 시대가 부여한 자신만의 원칙을 지켜낸
사람입니다. 다만 그 원칙이 뿌리가 아니라 잎에
가까웠을 뿐입니다.

우리 시대에 자베르의 고민은 왜 필요할까요?
지금은 자기 마음의 소리를 잘 듣지 않는 세상입니다.
방법은 달랐지만 장발장과 자베르 모두 자기 나름대로
마음의 소리에 귀 기울였던 인물들입니다. 가짜
장발장이 잡혔다는 소식을 듣자, 장발장은 자신이
진짜 장발장이니 그 사람을 풀어주라며 자신의 정체를
폭로합니다. 자신 때문에 다른 한 사람이 억울하게
감옥에 가는 것을 지켜볼 수 없었던 거죠. 자베르도
장발장과의 질긴 악연을 이어가면서 자신의 진짜
모습은 무엇인지 반복해서 스스로에게 물었을 겁니다.

다만 그에 대한 대답을 찾지 못한 결과 불행한 운명을
맞이했던 것입니다.

나에게도 이런 질문이 계속 생기던 때가
있었습니다. 사업에 한 번 실패하고 궁핍한 생활을
이어가고 있을 때, 옛 직장 상사가 같이 일해보자고
손을 내밀었습니다. 내겐 마른 땅에 단비 같은
소식이었죠. 상사는 투자자로부터 자금을 받아 사업을
시작하려는 단계에 있어서, 우리는 사무실을 알아보고
직원을 채용하는 일부터 해나갔습니다. 회사에서의 내
위치는 중간관리자였습니다. 작은 회사라 중간관리자는
모든 구성원의 커뮤니케이션 통로였죠. 사장은 나를
통해 직원을 평가하고 직원은 나를 통해 사장을
파악하고자 했습니다. 심지어 투자자가 사장의 동태를
살피고자 할 때도 나를 불러서 이것저것 물었습니다.

내 모든 말과 행동의 기준은 회사를 살리는 것에
있었습니다. 나는 당시 경제적으로 매우 절박한 상황에
있었기에 반드시 회사를 잘되게 만들어야 한다는
생각밖에 없었습니다. 누구 편을 들고 어느 편에 붙고
할 여유 같은 건 사치였습니다. 시간이 지나며 회사는
조금씩 자리를 잡아갔습니다. 직원들은 즐겁게 일했고

투자자는 잘하고 있다고 독려했습니다. 그런데 어느 날부턴가 자금의 흐름이 불투명해지기 시작했습니다. 여기에 대해 사장에게 물어봐도 자기가 알아서 할 테니 신경 쓰지 말라는 답이 돌아왔습니다.

얼마 가지 않아 일이 터지고 말았습니다. 알기로는 회사의 자금이 충분한데도 직원들의 급여 지급이 조금씩 미루어지고 있었습니다. 직원들은 사장이 다른 곳에 돈을 쓰는 것 같다고 수군댔습니다. 몇몇 직원들은 노동청에 고발하겠다고 나섰고, 투자자는 아는 대로 다 말하라며 나를 압박해왔습니다. 당시 나는 자금 흐름에 관련하여 아는 게 거의 없었습니다. 투자자와 사장이 서로 다투는 과정에서 나는 양쪽 모두에게 욕을 먹었습니다. 투자자는 내가 사장과 한통속이라고 했고, 사장은 나더러 내부 고발자라고 했습니다.

그 시끄러운 두세 달 동안 정말 많은 생각을 했습니다. 무엇이 옳은 행동인가, 무엇이 모두를 살리는 길인가, 하고요. 사장은 어려운 나에게 손을 내밀어준 사람이었고, 직원들은 나처럼 당장 먹고살기가 급한 사람들이었고, 투자자는 사업을 펼칠 기회를 준 고마운 분이었습니다. 결국 나는 내가 보고 들은 것만을 말하기로 결심했고 실행에 옮겼습니다. 투자자가 사무실을 다 뒤집고 조사할 때 숨김없이 응했으니 내 생애 처음으로 공익 제보자가 된 것입니다. 밀린 급여를 받은 직원들만 내게 고마움을 표했을 뿐, 투자자와 사장은 끝까지 나를 매섭게 대했습니다. 정말 지옥 같은 시간이었습니다. 실제로 내가 알고 있는 건 거의 없었지만, 몇 가지라도 성실히 얘기했습니다. 내가 사실을 얘기한 것은 사장이 미워서도, 투자자에게 잘 보이기 위해서도 아니었습니다. 아무 잘못 없이 월급을 못 받게 된 직원들을 먼저 생각하자는 내 마음의 소리를 따랐을 뿐이었습니다.

가끔씩 뉴스에 나오는 공익 제보자들의 모습을 보고 있자니 그 용기에 새삼 몸서리치게 됩니다. 작은 회사의 일에도 평생 남을 상처를 받는데, 중대한 일을 두고 바른말을 하는 그들은 얼마만큼의 용기를 가져야 하는 걸까요. 그들은 말 한마디에 인생의 모든 것을 잃게 될지도 모릅니다. 생방송으로 진행되던 청문회에서 한 공익 제보자가 "처벌받겠습니다"라고 말했을 때, 고맙고 부끄럽고 미안해서 눈물이 나왔습니다. 울림이 큰 말이었습니다. 왜 더 큰 잘못을 저지른 사람들은 저 한마디를 못 해서 세상을 분노와 절망에 빠뜨리는 걸까요.

　　올바른 세상은 다수가 만든 제도와 개인의
양심이라는 두 바퀴가 함께 굴러가야 만들 수 있습니다.
좋은 제도를 갖춘 곳이 선진국이죠. 제도를 만든 지도층
사람들마저도 빠져나가지 못하는 촘촘한 그물망,
거기에 선진국의 토대가 있습니다. 그걸 만드는 일은
처벌받겠다고 다짐하는 몇몇 사람들의 양심보다 훨씬
급하고 중요한 일입니다. 여러분은 학교에서도 사회에
나가서도 열심히 공부하고 고민해서 좋은 시스템이
개인을 지켜주는 세상을 꼭 만들어주세요.

　　사회제도는 그걸 만든 사람들에 의해서는
고쳐지기 어렵습니다. 자기가 속한 엘리트 집단의
이익을 유지해야 하기 때문에 굳이 고치지 않습니다.
제도를 고쳐야 할 필요성은 누가 느낄까요? 그 제도에
의한 혜택을 거의 누리지 못하거나 오히려 불이익을
받는 사람들입니다. 사회 구성원 대부분이 불이익을
얻는다면 그 제도는 빨리 시정되어야 합니다. 하지만
애초에 제도를 만든 사람들은 그럴 생각이 없기 때문에
필요성을 느끼는 사람들이 제도를 만드는 자리로
가야 합니다. 그냥 실력만 있어서는 안 됩니다. 올바른

정신과 양심을 지니고 있어야 더 좋은 제도를 만들 수 있습니다. 그래서 우리는 〈레미제라블〉의 주인공들처럼 스스로의 인생에 자꾸 질문을 던지고 내 마음의 소리에 귀 기울여야 합니다.

〈레미제라블〉에는 수많은 주인공이 저마다 삶의 답을 찾아서 먼 길을 떠나갑니다. 그들이 찾아 헤맨 답을 교과서처럼 이거다, 라고 말하는 순간 삶은 싱거워집니다. 결론은 이거다, 주제는 이거다, 라고 쉽게 단정하지 않을수록 우리는 더 많은 것을 얻게 됩니다. 사람마다 가지는 느낌과 생각은 비슷할 수 있겠지만, 관건은 자신만의 언어로 답을 말해보는 것입니다. 그게 여러분이 평생 해야 할 진짜 공부입니다.

영화 〈레미제라블〉은 소설과는 또 다른 세계를 만들어낸 경이로운 작품입니다. 원작은 매우 길고 어떤 면에서는 지부해서 쉽게 접근하기 힘듭니다. 먼저 영화를 봐도 좋고, 한 권으로 축약한 책 『레미제라블』을 읽어도 좋습니다. 그러고 나서 여러분이 성인이 된 후에 원본을 읽어도 됩니다. 원본을 읽으면 왜 좋을까요? 이렇게 빗대어 보겠습니다. 우리가 '고흐'의 흔적이 남아 있는 프랑스 남부 프로방스에 가본다고 합시다. 그곳을 며칠간 여행하는 것과 몇 달간 머무르는 것은 외로웠던 고흐를 이해하는 데 하늘과 땅만큼의 차이를 가져다줄 겁니다.

여러분이 나중에 『레미제라블』에서 파리의 하수구를 설명한 몇십 페이지를 접한다면, 그 장황하고 지루한 설명을 통과할 때 문득 장발장의 발아래 밟히는 냉혹한 길의 감촉을 느끼고 그의 절박한 도주를 경험하게 될 것입니다. 문학에서의 소름은 그런 순간에 돋습니다. 그러니까 긴 문장은 지루함이 아니고 삶의 디테일입니다. 우리가 매일 접하는 짤방(잘림 방지용 사진)이나 짧은 동영상 클립은 생각의 길이를 자꾸 잘라냅니다. 삶의 진실은 정리와 요약에서는 좀처럼 모습을 드러내지 않습니다.

장발장과 자베르처럼 우리 마음의 목소리에 귀 기울이며 살아가면 좋겠습니다. 마음의 목소리는 인간이 꼭 가야 할 길을 알려주니까요.

5

새로운 시작점을 찾고 싶은 너에게

가장 낮은 도는 가장 멀리 간다

'작은 오케스트라'라는 별명을 가진 기타는
여섯 개의 줄로 이루어져 있습니다. 그중에
가장 낮은 음을 내는 줄은 가장 굵고 투박한
줄입니다. 반대로 높으면서 아름다운 음을
내는 줄은 세련된 모습의 가는 줄입니다.
낮은 도는 굵은 줄에서 나옵니다. 투박한
굵은 줄이 저 멀리까지 달려가는 음을
만들어내는 겁니다. 낮은 도는 최고의
시작점입니다.

*

김애란의 소설집 『비행운』(문학과지성사, 2012)의 제목에는 두 가지 뜻이 있습니다. 하나는 '비행기가 만드는 구름'입니다. 이것은 척박한 땅에 발을 딛고 사는 우리가 닿을 수 없는 세계라는 의미를 담고 있습니다. 다른 하나는 '행운이 아니다'라는 뜻입니다. 이 소설집에는 행운에서 점점 멀어지는 비행운의 시대를 느끼며 살고 있는 다양한 모습의 젊은이들이 나옵니다.

소설집에 수록된 작품 중에서 단편 소설 「서른」을 가장 공감하며 읽었습니다. 주인공은 학원에서 학생들을 가르치는 강사입니다. 어느 날 주인공은 하얀 얼굴로 새벽부터 밤까지 학원을 오가는 제자들을 보며 생각합니다. "너는 자라 내가 되겠지…… 겨우 내가 되겠지."

주인공은 어쩌다 보니 젊은 나이에 빚더미에서 헤어나오기 힘든 처지가 되었습니다. 크게 사치 한 번 부린 적 없고 열심히 살기만 했는데도 빚만 남았습니다. 대학을 졸업하면서 학자금 대출금이 쌓였고, 그러다 보니 어느새 큰 채무자가 되어 있었습니다. 나쁜 상황을 벗어나기 위해서 이것저것 하다가 다단계 회사에 들어가게 되고, 아니다 싶어 빠져나올 때는 본인 대신 학원 제자를 회사에 끌어들이기까지 했습니다. 늪에서 나오기 위해 다른 누군가를 늪으로 불러들여야 하는 사회의 모습이지요.

　선순환에 놓인 사람들은 자꾸 좋은 쪽으로 발전해나가는 것 같은데, 악순환에 놓인 자신은 주변 사람들까지도 악순환에 편입시키는 역할을 하고 있습니다. 그래서 제자들의 미래는 결국 주인공을 닮은 모습이 되고 말 거라는 비관적인 결론에 이릅니다.

　이전 세대에는 '아플 여유'가 있었습니다. 아픔으로 인해 청춘이 아름답고 낭만적이기까지 했죠. 그러나 지금은 몸이 피폐해서 정신이 아플 여유가 없습니다. 정신은 아픈 만큼 성숙해질 수도 있지만, 몸은 아픈 만큼 무너집니다. 당장 빚에 시달리는 상황에서 정신의 방황은 사치일 뿐입니다.

　정규직보다 임시직, 계약직의 비중이 점점 더 커지는 세상이 되어가고 있습니다. 기업이 고용에 대한 책임감을 줄여가고 있다는 뜻이지요. 사회 초년생들은 안정된 일자리가 줄어들고, 중장년층 경력자들은 언제까지 그 직장에 남을 수 있을지 예측 불가능하게 되었습니다. 고용의 불안정은 사회 전반에 악영향을

미칩니다. 중장년층은 회사에 더 얽매이게 되고
초년생들은 사회의 눈치를 더 보게 됩니다.

평등, 인간적인 권리, 일과 휴식의 균형 등
인간적인 삶의 가치를 더 생각하는 청년들은 변화하지
않는 단단한 바위 같은 사회에 절망을 느낍니다. 사람은
오늘보다 나은 내일이 기다리고 있는 한, 아무리 힘든
오늘도 이겨낼 수 있습니다. 그 희망을 세상이 먼저
주면 좋겠는데, 그런 일은 쉽게 생길 것 같지 않습니다.
그러려면 어디서부터 무엇부터 시작해야 할까요.

청년들이 서야 할 새로운 출발점을 김애란의
다른 소설 「도도한 생활」(『침이 고인다』, 문학과지성사,
2007)에서 찾을 수 있습니다. 나는 이 소설에서 낮고
초라한 음이 가진 힘을 다시 발견했습니다.

주인공은 서울에서 자취하는 취업 준비생입니다.
집안 사정이 어려워지자 그녀는 고향집에 있는 오래된
피아노를 팔아치우려고 합니다. 그러나 엄마는 집안의
마지막 자존심인 양 피아노를 처분하지 않고, 안 그래도
복잡한 주인공의 서울 자취방으로 옮겨버립니다.
폭우가 쏟아지는 밤, 반지하 방의 피아노는 다른
잡동사니들과 함께 빗속에 잠겨갑니다. 그때 그녀는
오랫동안 잊고 지냈던 건반을 누릅니다. 겨우 '도-' 하고

울려 퍼지는 음. 그 초라한 시작음이 높은음보다 질긴 생명력을 가졌다는 것을 그녀는 처음 알게 됩니다.

첫 번째 음인 '도'는 초라한 시작점입니다. 화려한 화음을 달고 있지도, 현란한 움직임을 보이지도 않습니다. 그러나 낮은음 '도'는 가장 오래 울리는 음입니다. 우리가 비록 많은 것을 갖지 못하고 살아가더라도, 자기 안의 '도'를 많이 눌러야 하는 이유입니다.

우리는 '레미파솔라시도' 또는 그 너머의 음에 관심이 많습니다. 하지만 낮은 도의 아름다움을 알게 된 사람만이 그 이후의 음도 아름답게 낼 수 있습니다. 먼저 자신의 낮은 도를 크게 울려보세요. 세상은 무작정 앞서가는 사람보다, 자신만의 색깔로 자신의 아름다움을 잘 표현해내는 사람을 좋아합니다.

세련되고 아름다운 교향악단의 소리를 자세히 들으면 하나하나의 악기들이 제각기 소리를 냅니다. 아무리 훌륭한 악기 연주자도 맨 처음 그 악기를 연주할 때, 어설프고 보잘것없는 소리를 냈을 겁니다. 그 시작을 소중히 여기고 계속 가꾸어왔기에 지금의 완벽한 소리를 내게 된 거죠. 새로운 시도를 할 때의 초라한 몸짓, 그것은 인생 전체를 통해 울려 퍼질

기본음이 됩니다. 지금 우리가 가진 것을 잃어버리지 말고 더 울려 퍼지게 가꾸어야 합니다.

소울 음악의 거장 '레이 찰스'는 어릴 때 시력을 잃었습니다. 온통 암흑뿐인 그에게 남은 것은 세상 만물이 만들어내는 소리와 어머니의 목소리였습니다. 세상 모두가 어둠의 아이라고 손가락질할 때, 그의 어머니는 레이를 '완전한 영혼'이라고 불러주었습니다. 그리하여 이 슬픈 천재는 어둠 속을 눈이 아닌 귀로 더듬으며 걸어갈 힘을 얻습니다. 눈으로 볼 수는 없었지만, 귀로 세상 만물을 어루만졌습니다. 전 세계인의 경쾌한 발걸음에 묻어 있는 그의 음악은 이렇게 암흑의 절규에서 비롯됐습니다.

어둠 속의 외침은 가장 찬란한 빛의 소리를 만들어냅니다. 우리는 저마다 어둠을 갖고 있고, 그 어둠 때문에 고개를 숙이게 됩니다. 하지만 그 낮고 어두운 우리만의 '도'를 소중히 짚어나갈 때 우리 인생은 가장 아름다운 노래가 됩니다. 우리가 레이 찰스의 노래를 들으며 감동받는 것은 어둠에서 나온 그의 목소리가 빛으로 변하여 우리의 눅눅한 마음을 말려주기 때문입니다. 우리도 자신의 어둠을 아름답게 노래할 때 타인의 얼룩지고 습한 인생을 말려줄 수 있습니다. 낮은 도는 위대한 음입니다. 낮은 인생은 위대한 인생의 출발점을 갖고 있습니다.

     대만의 무용수 '칭란'이 모델로 나온 화장품 광고를 보고 나는 큰 감동을 받았습니다. 자동차 경적 소리로 꽤 시끄러운 거리를 그녀가 걸어갑니다. 계단을 올라 연습실 문을 열고, 댄싱 슈즈로 갈아신고, 오디오를 켭니다. 스피커가 요동치며 리드미컬한 음악이 나오고, 팽팽한 긴장감 속에 그녀의 독백이 흐릅니다.

"나는 운명을 믿지 않습니다. 태어나면서 정해지는 한계 같은 게 있다고 믿지 않기 때문이죠. 무용을 배우고 싶었지만 어딜 가나 거절당했어요. 다들 내가 춤을 추는 것이 불가능하다고 생각했어요. 이런 편견은 오히려 내게 힘을 주었습니다. 어느 날, 리듬을 느낄 수 있다는 것을 알았어요. 마루의 진동을 통해서 말이죠. 마침내 리듬을 정확히 따라서 춤추는 법을 발견했어요. 저는 청각장애인입니다."

이 독백 후에 시작되는 댄스는 황홀 자체입니다.

마룻바닥의 작은 진동을 통해 분출되는 그녀의 예술은 인간이 표현할 수 있는 최대한의 증폭을 보여줍니다. 그녀는 독백을 이어나갑니다.

"신은 하나의 문을 닫을 때 어딘가에 창문을 열어둔다고 합니다. 어떤 사람은 나에게 청각장애인으로 산다는 건 물속에 있는 것과 같다고 했습니다. 무서울 수 있어요. 때론 이 세상과 모든 사람으로부터 고립된 것처럼 느껴지죠. 하지만 나는 그런 삶을 거부합니다."

마지막 한마디 '나는 그런 삶을 거부합니다'에서 나는 그녀가 내뿜는 삶의 전압에 감전됩니다. 칭란에게 마룻바닥의 진동은 낮은 도와 같습니다. 칭란은 일곱 개의 음을 거부하고 낮은 도 하나만으로 무한의 예술을 표현하고 있습니다. 그녀는 낮은 도의 힘을 알고 있습니다.

견디기 힘든 일이 있을 때, 우리는 생각의 늪으로 자꾸 걸어 들어갑니다. 나 역시 오랫동안 빚에 시달리며 힘든 나날을 보냈습니다. 마음이 너무 괴로워서

불면증에 시달리는 날이 많았습니다. 이 어두운 터널의 끝은 어디일까, 과연 끝이 오기나 할까 매일 생각했습니다.

그러던 어느 날, 친하게 지냈던 사람이 나를 격려해준다고 노래방에 데려갔습니다. 밥 한 끼 제대로 사 먹을 돈도 부족했던 나는 오랜만에 노래방 마이크를 잡으며 잠시 걱정을 잊었습니다. 따뜻한 감성의 노래도 부르고 신나는 노래도 불렀습니다. 좋아하는 노래를 부르는 시간은 모든 현실을 잊게 했습니다. 그러나 그 진통제와 같은 시간은 노래방을 나오면서 더 큰 먹구름을 마음에 가져왔습니다. 마치 수축되어 있던 용수철이 튕기면서 나를 치는 듯한 느낌이었습니다.

순간 나는 깨달았습니다. 쉬는 날이 더 힘들다는 것을요. 그래서 한동안 쉬는 날을 없앴습니다. 몸을 움직이는 순간만큼은 생각이 줄어드는 마법을 발견했습니다. 그래서 괴로운 생각을 밀어내기 위해 더 많은 일을 했습니다.

생각 대신 몸을 움직이니 어려운 상황들은 조금씩 조금씩 희망의 조건으로 바뀌어갔습니다. 괴로운 생각에 잠겨 있으면 좌절에 이르고, 억지로 몸을 움직이면 도전이 됩니다. 도전에 설득당하지 않는 세상은 없습니다. 힘든 마음을 치유하는 최고의 방법은 몸을 힘들게 하는 것입니다. 낮은 도는 복잡한 생각과 얽힌 마음에서 나오지 않습니다. 낮은 도는 내 아픈 발이 절망의 바닥을 짚을 때 시작되며, 억지로라도 몸을 움직여서 바닥을 딛고 달려갈 때 나오는 소리입니다.

'작은 오케스트라'라는 별명을 가진 기타는 여섯 개의 줄로 이루어져 있습니다. 그중에 가장 낮은 음을 내는 줄은 가장 굵고 투박한 줄입니다. 반대로 높으면서 아름다운 음을 내는 줄은 세련된 모습의 가는 줄입니다. 낮은 도는 굵은 줄에서 나옵니다. 투박한 굵은 줄이 저 멀리까지 달려가는 음을 만들어내는 겁니다. 낮은 도는 최고의 시작점입니다.

청소년들이 바라보는 어두운 미래에 마음이 아픕니다. 아무리 발버둥 쳐도 사회의 유리천장을 뚫을 수 없다는 생각을 많이 갖고 있는 것 같습니다. 그들에게 말해주고 싶습니다. 당신의 낮은 도를 찾아내고 그 건반을 힘껏 눌러보라고요. 당신의 낮은 소리는 그 어떤 잘난 높은음보다 길게 멀리 퍼져갈 거라고요. 사람들은 이런 말을 믿지 않는 눈치입니다. 그래요, 지금 당장 믿지 않아도 좋아요. 언젠가 실수로라도 자신의 낮은음 건반을 누르는 날이 올

테니까요. 그때는 알게 될 겁니다. 우리 정신이 얼마나 멀리 뻗어갈 수 있는지. 우리는 '겨우 내가 되'는 게 아니라 무엇이든 될 수 있는 인생이란 것을요.

6
소중한 가치를 찾고 싶은 너에게

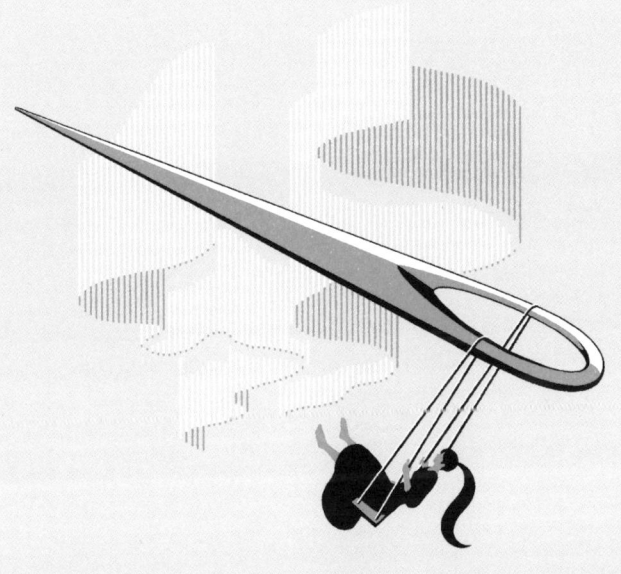

가면을 만드는 사람

누구에게나 가장 소중한 가치가 하나씩은
다 있을 겁니다. 남들 눈에는 별것 아닌
것으로 보이겠지만, 나만의 가치를 잘 지켜야
합니다. 어떤 상황이 오든 끝까지 나의
가치를 놓지 않는 것. 세상을 이기는 데 있어
그것보다 더 강력한 무기는 없습니다.

*

〈복면가왕〉이라는 예능 프로그램이 인기를 누리고 있습니다. 얼굴을 숨기고 오직 목소리에 집중하는 이 프로그램은 우선 가면 뒤의 가수가 누구인지 알아맞히는 재미가 있죠. 그리고 가수가 가면을 벗었을 때 그동안 우리가 가졌던 여러 가지 선입견과 편견을 단번에 깨트리는 효과도 불러옵니다. 〈복면가왕〉은 예능뿐 아니라 음악 프로그램 측면에서도 많은 의미를 남기는 훌륭한 시도라 하겠습니다. 이 프로그램의 진가를 발휘하게 하는 가장 중요한 요소 중 하나는 가면입니다. 방송이 거듭되면서 시청자들은 '저 가면을 누가 만들지'에도 관심을 기울였습니다. 가면이 가수의 음악적 색깔과 잘 맞고, 표현력이 섬세하고 빼어나다는 점이 화제가 되었던 거죠. 가면을 만드는 사람은 디자이너 '황재근' 씨였습니다.

     사람들이 디자인의 원천이 어디인가를 물었을 때 그는 힘주어 '어머니'라고 답했습니다. 어린 시절 그의 어머니는 생계 수단으로 수많은 옷을 만들었습니다. 그는 매일 어머니의 재봉틀 소리를 들으며 잠들었습니다. 어머니가 만든 것처럼 따뜻하고 아름다운 옷을 만들고 싶었던 그는 벨기에의 명문 디자인학교에 입학합니다. 가난한 유학생의 공부 과정이 순탄했을 리 없지만, 그곳에서 그는 탁월한 재능을 발휘합니다. 그러나 열심히 학업을 이어가던 어느 날, 어머니가 위독하다는 소식이 들려옵니다. 갑자기 닥친 상황에 비행기 푯값을 빌리러 이리저리 뛰어다니다가 겨우 비행기를 탔지만, 그를 맞이한 건 어머니가 아닌 어머니의 영정 사진이었습니다.

  유학 생활 중 그가 잠시 귀국할 일이 생겼을 때, 미리 말해두지 않고 집으로 가서 어머니를 깜짝 놀라게 한 적이 있었습니다. 그 후 어머니는 작은 인기척만 나면 아들인 줄 알고 뛰어나가곤 했답니다. 그 많은 그리움을 다 나누지 못하고 어머니는 떠났습니다. 어머니는 막내아들이 공부를 마칠 수 있도록 얼마의 돈을 남겼습니다. 자신의 치료에 사용할 수도 있었던 돈이었지요. 그렇기에 아들은 차마 그 돈을 공부하는 데 쏟을 수 없었습니다. 그것은 돈이 아니라 어머니 그 자체였으니까요. 그는 공부를 중단하겠다고 형제들에게 말합니다. 하지만 형제들은 각자 돈을 더 모아서, 어머니의 뜻을 이뤄드리고자 황재근의 등을 떠밀어 다시 비행기에 태웠습니다.

마침내 그는 유학 생활을 마치고 한국에 들어와 자신의 디자인 세계를 펼쳐나갑니다. 어느 방송에서 주최한 디자인 오디션 프로그램에서 화려한 스포트라이트를 받았습니다. 그러나 앞길이 순탄치만은 않았습니다. 오디션 프로그램에서 명성을 얻은 이후 내놓은 파격적인 디자인은 시장에서 외면당했습니다. 시대를 너무 앞서갔기 때문일까요? 사업의 실패는 엄청난 재고 더미와 빚으로 이어졌고, 그는 실패의 흔적 앞에서 정신을 놓고 앉아 있었습니다.

어려움을 겪던 그에게 〈복면가왕〉의 가면 제작 제의가 들어옵니다. 지금은 이 프로그램이 유명해져서 그렇게 생각하는 이가 없겠지만, 자존심 높은 디자이너가 방송 소품을 제작한다는 것이 마음 불편한 일이었을 수도 있었습니다. 하지만 그는 아랑곳하지 않고 가면을 만드는 사람으로 변신했습니다. 어머니가 낡은 재봉틀을 돌려 만들던 옷을 생각하며 가면을 창작하는 데 온 힘을 쏟았습니다. 그의 가면은 프로그램에 커다란 날개를 달아주었지요. 그 후 홈쇼핑에 자신의 브랜드를 선보였고, 홈쇼핑 역사상 기록에 남을 결과도 남겼습니다. 지금의 유명세에도 그는 주변을 의식하지 않고 자신의 내면에 시선을 집중했습니다. 그것이 그를 흔들리지 않는 사람으로 만들었지요.

자신의 인생에서 가장 소중한 것을 마음에 품고, 그것을 자신의 일과 작품에 물들이는 사람. 그런 사람은 반드시 세상에 긍정적인 결과물을 남긴다는 것을 황재근은 보여줍니다. 가난보다 위대한 스승은 없고, 최선을 다해 사는 부모의 모습보다 위대한 유산은 없습니다. 황재근은 그 두 가지를 모두 가진 사람입니다.

어느 초등학교에 가서 콘서트를 진행하던 중, 여러분은 장래 뭐가 되고 싶으냐고 하니 한 아이가 생각할 틈도 없이 소방관이라고 답했습니다. 왜 소방관이냐고 물으니, "아빠가 소방관이고 저에게 아빠는 세상에서 가장 위대한 사람입니다"라고 했습니다. 또 다른 황재근이 거기 자라고 있었습니다.

소중한 가치를 마음에 품고 살아가는 사람은 반드시 주위 사람들의 삶의 가치도 높여주고 행복하게 만듭니다. 자기 일에 충실한 A 변호사의 이야기를 듣고 나는 깊은 감명을 받았습니다. '변호사' 하면 누가 봐도 성공한, 경제적으로 넉넉하고 사회적으로 부러움을

사는 직업일 겁니다. 자기 직업과 소득이 어느 정도
안정되면 세상과 사람을 위한 열정이 조금씩 식어가게
마련인데, A 변호사는 그렇지 않은가 봅니다. 아마
자신에게 소중한 가치가 무엇인지를 늘 생각하는
사람이 아닐까 싶습니다.

그러던 어느 날, A 변호사가 꽤나 까다로운
소송 하나를 맡게 되었습니다. 아파트 환경미화원으로
일하던 74세 할머니가 열심히 일을 하다 심장마비로
쓰러져 사망한 건이었습니다. 유가족들은 산재를
주장했으나 근로복지공단은 할머니가 평소 앓고
있던 병으로 사망한 것이지, 특별히 힘든 일을 하던
중에 그리된 게 아니기에 산재 처리를 해줄 수 없다는
입장이었습니다. 다른 변호사들 같으면 각종 병원
서류와 할머니의 건강과 관련된 정보만을 검토했을
테지만, A 변호사는 달랐습니다. 할머니가 일하던
장소를 찾아가 심장박동 측정 기기를 몸에 부착하고
청소 전후의 수치를 측정했습니다. 주변 미화원들의
조언을 얻어 실제 청소 작업을 똑같이 행했습니다. 어느
장소 어느 시점에서 심장박동수가 급격히 상승하는가를
모두 기록했습니다. 그렇게 해서 판사에게 정확하고
정밀한 자료를 제출했지요. 그는 자료 맨 마지막에

이렇게 덧붙입니다. "아파트 계단을 청소하는 일은 30대
남성인 제가 해도 힘든 일입니다. 74세 할머니에게 힘든
일이 아니라는 공단의 주장은 받아들일 수 없습니다."
유가족과 A 변호사는 결국 소송에서 이기고 산재를
인정받았습니다. A 변호사에게 소중한 가치는 의뢰인의
간절한 마음이었던 겁니다.

　　　자신의 지나온 이야기를 들려달라고 해도,
그동안 만났던 다른 사람의 이야기만 잔뜩 해주는
할머니 의사가 있습니다. 바로 6만 입양아의
주치의였던 홀트아동병원 '조병국' 원장입니다.
누군가는 아이를 버릴 때, 할머니 의사는 아이를
'발견'했습니다. 그녀와 인연을 맺은 아이들은 모두 낮은
곳에서 태어났습니다. 세상에 나오자마자 시들어버린
생명도 있었고, 무럭무럭 잘 자란 아이도 있었습니다.
생의 길고 짧음을 떠나 모든 생명에겐 저마다 태어난
의미가 있다고 할머니 의사는 믿었습니다. 비록 조금
부족하게 출발했지만, 점차 무르익어갈 삶의 과실은
그 누구보다 풍성할 수 있다는 희망으로 아이들을
진료했습니다.

　　　아이들의 경우 마음의 상처가 몸의 상처보다
늦게 낫는다는 것과, 궁극적인 치료자는 의사가 아닌

엄마라는 사실을 할머니 의사는 잘 알고 있었습니다. 그래서 아이들을 위한 마지막 치료는 언제나 가정을 만들어주는 거였습니다. 적어도 지상에는 엄마만 한 신이 없고, 가정만 한 천국이 없을 테니까요. 할머니 의사는 수많은 아이에게 가정을 안겨주었고, 그로 인해 자신은 하늘의 별만큼 많은 가족을 얻었습니다.

아마 지상에서 가장 많은 행복을 소유한 분일 것입니다. 그녀는 엄마라는 신을 잃고 가정이라는 천국을 소유하지 못한 어린 영혼들에게 엄마의 심장 소리를 들려주었지만, 정작 자신은 편안한 삶을 멀리하며 일평생을 보냈습니다. 그럼에도 세상의 부귀영화가 주지 못하는 행복이 할머니 의사의 마음속에 넘쳐흐릅니다.

할머니 의사는 아이들에게 항상 긍정과 희망을 선포했습니다. 가장 큰 희망은 언제나 가장 낮은 곳에서 솟아나기에, 힘들고 고된 삶이라도 포기하지 말고 열심히 살아서 인생이 준비하고 있는 놀라운 선물을 꼭 받으라고 말했습니다. 사람으로 살면서 어떤 가치를 품어야 하고 그것으로 무엇을 해야 하는지 생생한 삶으로 가르쳐주신 분입니다.

여러분도 나도 각자 누구에게나 소중한 가치

하나씩은 다 갖고 있습니다. 누구에게는 조그만 물건일 수도 있고, 누구에게는 부모님이 해준 한마디 말일 수도 있고, 누구에게는 오래된 친구일 수도 있습니다.

나에게는 두 가지 소중한 가치가 있습니다. 지금까지의 나를 만들어 온 소중한 가치는 아버지의 오토바이 소리였습니다. 아버지는 평생 막걸리 배달을 했습니다. 면 단위에 양조장이 하나 있고, 몇 명의 배달부가 각자에게 배당된 구역으로 배송하는 시스템이었습니다. 우리 집 오토바이의 둥둥거리는 소리에는 비바람에도, 폭설에도 멈추지 않았던 매일의 성실함과, 가족을 살리는 거룩한 밥벌이의 의지가 묻어 있었습니다.

오토바이 소리는 사 남매에게 일찍 일어나라는 알람 시계였고, 저녁에 모든 가족이 무사히 집으로 돌아왔다는 안도의 숨소리였습니다. 마당의 개들은 땅에 귀를 대고 자다가 후다닥 달려 나가곤 했습니다. 식구들은 아직 그 소리가 귀에 들리지 않아도 아버지가 저 골목을 돌아서 집으로 오고 있다는 것을 알았습니다. 아버지의 오토바이가 마당에 들어와서 개선장군의 북소리처럼 둥둥거리면 개들은 풀쩍풀쩍 아버지에게 뛰어 안겼습니다.

　　하루 종일 막걸리 배달을 한 아버지의 옷은 여기저기 하얀 막걸리 얼룩이 져 있었습니다. 그 위에 개 발자국이 마구 찍혔지요. 어머니는 개들에게 소리를 질렀고 아버지는 허허 웃었습니다. 온 식구가 둘러앉아 저녁밥을 먹을 때, 오토바이는 뜨거워진 심장을 식히고 있었습니다. 나에게는 저녁의 그 풍경들이 내 인생에서 가장 행복한 한때로 남아 있습니다.

　　나는 아버지가 그 오토바이를 타고 막걸리 배달을 하면서 불쑥불쑥 마주쳤을 삶의 감정들을 오래도록 생각해왔습니다. 아버지는 인생이 자신에게 주었던 모욕을 그 소리와 함께 공중에 날려 보냈을 겁니다. 그 소리는 이제 나에게 와서 내 음악, 내 노래가 되었지요.

　　내 인생 두 번째 가치는 '앞으로 만날 한 사람 한 사람의 구체적인 인생'입니다. 내가 읽은 모든 문학의 가치를 다 합쳐도 내 앞에 있는 한 사람이 가진 삶의 가치에 이르지 못합니다. 나는 결국 내 앞의 한 사람을 이해하기 위해서 책을 읽기 때문입니다. 그러므로 내가 얼마나 많은 문학을 읽었는지는 큰 의미가 없습니다. 나는 지금도 이 한 인생의 가치를 더 알기 위해서,

더 진한 인생을 만나기 위해서 책을 읽고, 콘서트를
합니다. 아무리 힘든 날이라도 내게 가장 소중한 대상을
만나고 온 것이니, 매일매일이 가장 소중하고 행복한
날이 됩니다. 그러니까 이것은 내 직업을 천직으로
만들어주는 결정적 요소입니다.

누구에게나 가장 소중한 가치가 하나씩은
다 있을 겁니다. 남들 눈에는 별것 아닌 것으로
보이겠지만, 나만의 가치를 잘 지켜야 합니다. 어떤
상황이 오든 끝까지 나의 가치를 놓지 않는 것. 세상을
이기는 데 있어 그것보다 더 강력한 무기는 없습니다.

7

나를 일으키는 나를
찾고 싶은 너에게

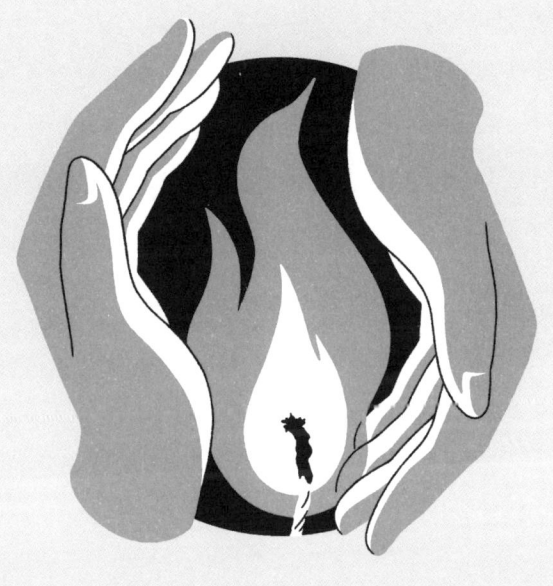

이순신 마음속 일곱 개의 불꽃

짓누르는 외부 환경에 맞서 내면의 자신을
일으켜 세웠던 사람. 이순신은 '나를
일으키는 나'를 찾아냈던 사람입니다. 자신이
추구하는 가장 중요한 '본질'이 무엇인지
깨닫는 자만이 그 무한의 동력을 얻을 수
있습니다. 이순신의 마음을 일으켜 세웠던
불꽃들을 내 마음으로 옮겨와서 계속
타오르게 하고 싶습니다. 그 불꽃으로 나를
일으키는 나를 매일 찾고 싶습니다.

*

내가 좋아하는 소설가는 김훈이고, 김훈의 작품 중에 『칼의 노래』(문학동네, 2012)를 가장 좋아합니다. 한국 소설 딱 한 권만 뽑으라 하면 『칼의 노래』입니다.

    '이순신'을 다룬 책은 수없이 많지만, 나는 이 소설이 이순신의 마음에 가장 가까이 다가간 작품이 아닐까 감히 생각합니다. 여러 번 읽어도 마음의 떨림이 줄지 않고 새롭게 발견하는 요소가 자꾸 나오는 걸 보면, 『칼의 노래』는 끝 모를 깊이의 소설이고, 이순신은 마음을 뗄 수 없는 주인공임에 틀림없습니다. 소설 속으로 깊이 걸어 들어가서 바라본 이순신의 마음속 일곱 개의 불꽃으로 내 마음을 밝히고 싶습니다.

첫 번째 불꽃: 적의 칼과 임금의 칼 사이, 이순신의 자리

임금은 이순신의 용맹이 나라에 도움이 되어 좋으면서도, 한편으로는 그 용맹함이 무서웠습니다. 당시 불안한 나라 분위기로 인해 여기저기서 민란이 일어나는 중이었는데, 이순신도 언제든지 민란의 수괴가 될 수 있다고 생각해서였을까요. 임금은 항상 이순신을 경계하고 동태를 면밀히 살폈습니다. 거기다가 신하들은 이순신이 백성들에게 얻는 신임과 존경을 시기하였기에, 항상 이순신에 대해 나쁜 이야기만 골라 해댔습니다. 라이벌 감도 되지 못했던 '원균'은 자신이 더 높은 자리에 올라가기 위해서 매번 이순신을 험담했습니다. 이것은 두고두고 이순신의 마음을 괴롭혔습니다.

신하들은 나라를 왜군에 넘겨주는 한이 있더라도 이순신을 없애고 싶어 했습니다. 간신들은 매일같이 이순신을 벌하라고 고했습니다. 조정은 이순신의 꼬투리를 잡으려고 호시탐탐 기회를 엿보고 있었습니다. 그러다 마침내 기회가 왔습니다. 무리한 공격을 해서 적장의 머리를 가져오라는 명령을 내리고 그에 응하지 않은 이순신을 체포한 것입니다. 체포 직전 임금이 이렇게 말했습니다. "한산도의 장수는 편안히 누워서 무얼 하고 있는가." 신하들이 얼마나 간사하고 거짓된 말을 해댔으면 임금이 이순신을 놀고 있다고 생각했을까요.

전투에 나가면 적의 칼이 앞에 있었고, 돌아오면 임금의 칼이 뒤에 있었습니다. 적의 칼과 임금의 칼 사이에서 이순신은 편히 서 있을 자리가 없었습니다.

이순신은 적의 칼보다 임금의 칼이 더 두려웠습니다.
한낱 죽음이 무서워서가 아니라 무인으로서 적과
싸우다 죽지 않는 운명이 서글펐기 때문입니다. 조정의
명을 거역했는데도 임금은 이순신을 풀어주었습니다.
이순신을 죽이면 나라가 없어질 수도 있겠다는 두려움
때문이었죠. 이순신을 살린 것은 결국 적이었습니다.

두 번째 불꽃: 내가 가진 한 움큼이 조선의 전부다

삼도수군통제사 이순신에게 조정은 곧 바다를
건너올 적장 '가토'의 머리를 가져오라고 명합니다.
이순신은 명령에 응하지 않습니다. 적이 파놓은
함정을 향해 출동했다가는 크게 패할 것이 분명했기
때문입니다. 이순신의 수군은 조선이 기댈 마지막
버팀목이었습니다. 무조건 출정하라는 억지 명령을
외면한 대가는 백의종군의 고초였습니다. 후임 원균은
그해 7월 하루 만에 조선 수군의 팔 할을 잃고 도망
다니다 적의 칼에 찔려 죽습니다.

     이제 이순신에게는 다 부서져가는 배 몇 척만
남아 있습니다. 이순신은 그 잔해로 조선을 기어코
살려냅니다. 자신의 지휘 아래에 있는 초라한 수군이

조선의 운명이라고 생각했고, 내가 지면 조선이
죽는다는 마음으로 싸웠으니 왜군이 이길 수가
없었겠지요.

세 번째 불꽃: 이순신을 일으켜 세운 건 이순신 자신

이순신의 관직을 박탈한 임금은 전황이 갈수록
불리해지자 이순신을 다시 삼도수군통제사로
임명합니다. 임금은 지난번 투옥에 미안함을 표하면서
수군을 재정비하라는 명을 내립니다. 더 이상 통제할
수군도 남아 있지 않은 허울뿐인 직책이었습니다.
이때 이순신의 마음이 어떠했을까요. 잘 구축해놓으면
부수고 잃어버리고, 출정하면 자살행위인 게 눈에 빤히
보이는 상황에서 명령을 거역했다고 관직을 박탈하고,
그 백의종군 사태로 인해 어머니가 세상을 떠났습니다.
나라를 위해 목숨 걸고 싸운 죄밖에 없는데, 관직을
빼앗기고 어머니도 잃었습니다.

     이 상황에서 나라를 향한 충성심이 생길까요?
누구라도 어려울 겁니다. 알아주는 사람 하나
없고, 오히려 죄인으로 몰아가고, 소중한 것을 모두
빼앗아가니까요. 이쯤 되면 대부분의 사람들은

관직이고 뭐고 다 버릴 겁니다. 더 이상 목숨 걸고 싸우지 않습니다. 그럼에도 이순신은 다시 칼을 잡습니다. 관직도 없이 일반 병사의 신분으로 전쟁터로 갑니다. 임금은 백의종군 후 석 달 만에 또 한 번 이순신을 삼도수군통제사로 임명합니다. 이순신이 자리를 잠시 비운 사이 거의 초토화되어버린 수군의 재정비를 명합니다.

수군을 재정비하라는 임금의 편지에 답신을 보내야 했습니다. 이순신은 황폐한 마음에 하루 종일 식은땀을 흘리며 앉아 있었습니다. 저녁이 되어 붓을 들었습니다. 쓸 말도 없었습니다. 의례적인 내용으로 답신을 채운 뒤 붓을 내려놓고는 무의미한 말들을 한참 읽어보았습니다. 서신을 접어서 봉하기 직전, 이순신은 다시 붓을 들어 마지막 한 줄을 더 써넣습니다. '신의 몸이 아직 살아 있는 한 적들이 우리를 업신여기지 못할 것입니다.' 이것이 이순신입니다! 그는 인간으로서의 나약한 마음을 꺾고 무인의 자세로 자신을 다시 일으킵니다. 그리고 복귀 후의 첫 전투 명량해전에서 크게 승리합니다.

백의종군 직후 이순신의 상황을 다시 생각해봅니다. 외부의 조건 중에 이순신을 일으켜 세울만 한 것은 하나도 없었습니다. 모든 게 좌절만 주는 환경이었습니다. 그간 자신이 힘들게 일구었던 엄청난 군사력을 어처구니없게 모두 잃어버린 전임자에 대한 분노와 말도 안 되는 트집을 잡아 직책을 빼앗을 땐 언제고 상황이 안 좋아지니 다시 그 자리에 앉히는 조정을 향한 배신감만 남았습니다. 이런 환경에서 뭘 더 어떻게 할 수 있나요? 무엇을 의지해서 일어설까요? 이순신을 일으킨 건 오직 이순신 자신이었습니다.

네 번째 불꽃: 세상의 무의미는 끝내 베어지지 않는다

젊은 날 이순신의 칼은 순결했습니다. 그 칼로 베어야 할 것들을 베어냈고 지켜야 할 것들을 지켜냈습니다. 순결하고 정직한 젊은 무인은 장차 조선의 운명을 건질 장군의 모습으로 다듬어져가고 있었습니다. 그러나 그의 순결한 길 앞에는 세상의 온갖 무의미들이 숨어 기다리고 있었지요.

    나라야 어떻게 되든 부귀영화를 위해 더 높은 관직에 매달리는 벼슬아치들, 왜군보다 내부의 정적을 없애기에 혈안이 된 고위 관료들, 나약한 심기로 이 사람 저 사람의 말을 함부로 듣고 이순신에게 칼을

겨누는 임금 등, 이순신은 세상의 무의미한 짓거리들을 다 베어버리고 싶었습니다. 그러나 칼은 한 자루였고, 칼이 닿는 거리는 유한했고, 세상의 무의미는 멈추지 않고 끝없이 일어났습니다.

다섯 번째 불꽃: 칼은 노래를 잃고 울기 시작한다

어떤 방법으로도 이순신의 수군을 무너뜨리지 못하자, 간사한 왜군은 특공대 오십여 명을 이순신의 가족들이 있는 아산으로 급파합니다. 이순신의 약한 부분을 쳐서 그의 마음을 흔들어놓겠다는 전략이었죠. 적들은 마을을 불태우고 돌아갔습니다. 마을 사람들과 이순신의 셋째 아들 '면'은 산으로 피신했습니다. 얼마 후 적들은 면을 죽이러 다시 습격해왔습니다. 마을 사람들을 대피시킨 면은 다섯 명의 사노들과 함께 끝까지 싸우다 한쪽 어깨에 적의 칼을 맞아 쓰러집니다. 면은 이제 겨우 스물한 살이었습니다.

      면의 죽음을 전해 들은 이순신은 모든 일을 접고 종일 혼자 앉아 있었습니다. 산 위에서 불타는 마을을 내려다보던 면의 분노를 생각하고, 칼에 찔려 죽어갈 때의 면의 두려움을 생각하고, 갓난아이 시절

면의 젖비린내를 생각했습니다. 저녁이 되어 어둠에
뒤덮인 외딴 소금 창고로 간 이순신은 가마니에
엎드려 밤새 숨죽여 웁니다. 그날 이후 이순신의 칼은
울부짖기 시작하고, 그 어떤 것도 칼의 울음을 달랠 수
없었습니다.

여섯 번째 불꽃: 죽음에서 삶을 바라본다

바다 위의 전쟁은 뒤로 물러설 자리도 숨을 자리도 없기
때문에 적을 죽이거나 내가 죽거나입니다. 둘 중 하나의
결과가 반드시 온다는 것을 알고 있던 병사들은 얼마나
두려웠겠어요. 이순신은 두려움을 품은 병사들에게
외칩니다. 살길은 없고, 살길과 죽을 길이 다르지
않다고요.

     이순신의 눈에는 깎아지른 절벽처럼 죽음이
선명하게 보였습니다. 그는 두려움을 이기는 방법이
하나밖에 없다는 걸 알았습니다. 삶과 죽음의 경계를
허물어버리는 것이었죠. 그 경계가 없어져서 둘 사이를
마구 넘나들면 삶이 반갑지도 죽음이 두렵지도 않을
테니까요. 삶에서 죽음을 바라보면 두렵지만 죽음에서
삶을 바라보면 두렵지 않습니다. 내가 어디에 서 있고

어디를 바라보는가에 따라 두려움은 사라집니다.
두려움이 사라진 전쟁은 이미 이긴 전쟁입니다.

일곱 번째 불꽃: 돌아올 수 없는 길을 나서는 마음

우리는 매일 집을 나서며, 다시 돌아올 것을 압니다.
돌아올 수 있다는 보장이 없다면 사랑하는 가족과
웃으며 잘 다녀오라는 인사를 나누지 못할 겁니다.
매일 이토록 손쉬운 우리의 외출에 비해서 이순신과
병사들의 외출은 언제나 마지막 외출입니다. 돌아올
가능성이 거의 없는, 마지막 길을 나서는 그들의 마음은
어땠을까요?

　　　　이순신의 마음은 전투에 나갈 때나, 이기고
살아서 돌아올 때나 같았을 겁니다. 나갈 때는 오늘
과연 살아 돌아올 수 있을까 생각했을 것이고, 돌아올
때는 함께 돌아오지 못한 병사들 생각에 마음이 타버린
재처럼 되었을 겁니다.『칼의 노래』를 읽고 난 뒤
아침마다 집을 나서며 '이순신과 달리 나는 돌아올 수
있는 길을 나서는구나' 생각하는 버릇이 생겼습니다.
매일 거처로 돌아오는 안온한 삶을 사는 이는 결코
이순신의 마음에 닿을 수 없습니다.

돌아올 수 있다는 보장이 없는데도 매일 바다로 나갔던 이순신의 동력은 무엇이었을까요? 심지어 그에게는 자신을 내던지지 말아야 할 이유가 수백 가지도 더 있었습니다. 짓누르는 외부 환경에 맞서 내면의 자신을 일으켜 세웠던 사람. 이순신은 '나를 일으키는 나'를 찾아냈던 사람입니다. 자신이 추구하는 가장 중요한 '본질'이 무엇인지 깨닫는 자만이 그 무한의 동력을 얻을 수 있습니다. 이순신의 마음을 일으켜 세웠던 불꽃들을 내 마음으로 옮겨와서 계속 타오르게 하고 싶습니다. 그 불꽃으로 나를 일으키는 나를 매일 찾고 싶습니다. 자신은 돌아오지 못하면서도, 후세의 우리를 매일 집으로 돌아올 수 있게 해준 사람들을 생각합니다. 저 남쪽 바다에 묻힌 이름 모를 수많은 병사와 이순신 장군의 눈이 이 시대의 우리를 바라보고 있습니다.

● 「칼의 노래」 가사

작사: 제갈인철

1.
버려진 섬마다 꽃이 피었다
오늘도 죽음은 절벽처럼 확실하다

언제나 바다는 숨을 곳 없고 삶과 죽음은
뒤엉킨다
나를 살린 건 임금이 아니라 결국은 적이었다

적의 적으로 살아지고 죽어지기를 바란다
세상의 무의미는 끝끝내 베어지지 않는다

내 몸속 깊은 곳에서 징징징 칼이 운다
살길이 없음을 알아라 그것이 살길이다
내가 가진 한 움큼이 가여운 조선의 전부다
오늘 적탄의 깊이는 죽음 직전에 멎어 있다

2.
내가 적을 죽이면 적은 백성을 죽인다
적의 칼이 세로로 몸을 가를 때 면은 겨우
스물한 살이었다
내 속에서 우는 칼은 좀처럼 달래지지 않아
눈물도 말랐다

석양에 빛나는 섬들이 어둠 속으로 불려 가면
내 몸속의 병은 아득한 적과도 같았다

한 번 휘둘러 쓸어버리니 핏빛이 산하를
물들이도다
목숨을 가르며 건너가는 칼날엔 산 것의 진동
한 자루 칼과 함께 포위돼 있는 무인된 내
운명을 시름한다
희망은 없거나, 있다면 오직 죽음 속에 있다

총알이 깊다 아득하다 어머니의 목소리 면의
눈빛
세상의 끝이 이토록 가볍고 고요하다

8

나만의 스토리를
찾고 싶은 너에게

때론 굴욕에서 이야기가 싹튼다

정상에 선 사람들은 다 자기만의 스토리가
있습니다. 그 스토리를 자기 일에 녹여낸
사람들이죠. 나만의 스토리는 이 시대가
요구하는 중요한 스펙입니다. 그 스토리
안에는 그동안 내가 쌓았던 지식과 여러
가지 능력, 그리고 나만이 갖고 있는 소중한
가치가 하나로 뭉쳐 있습니다.

*

여러분에게는 낯선, '윤수일'이라는 한 세대 전의
국민가수가 있습니다. 지금 그는 노래 인생 40년을
맞았습니다. 다문화에 대한 인식이 전혀 없었던 시절,
윤수일은 세상이 자기에게 남긴 울분을 삼키며 오직
노래에만 매달렸습니다. 세상을 향한 반항으로 잘못된
길로 나갈 위기가 수없이 많았지만, 그의 등 뒤에는
노래의 길로 갈 수 있게 붙잡아준 단 하나의 버팀목,
어머니가 있었습니다. 황홀한 목소리, 겸허한 자세,
빼어난 외모의 그가 「사랑만은 않겠어요」라는 곡과
만났을 때 온 나라가 열광했습니다.

　　아들이 대한민국을 뒤흔드는 최정상의 가수가
되자 어머니는 이제 마음이 놓인다는 듯 급속히
기력을 잃어갔습니다. 어느 날 병실에서 그는 어머니의
귀에 대고 나지막이 「사랑만은 않겠어요」를 불렀고,
어머니는 국민가수 아들의 노래를 들으며 길고
고단했던 인생의 커튼을 닫았습니다. 아마도 그는
무대에서 그 노래를 부를 때마다 한 많은 인생을
살다가 떠나간 어머니를 생각했을 겁니다. 이후 그는
수많은 히트곡을 내놓으며 절대적 국민가수로 자리를

잡았습니다.

윤수일의 노래가 국민의 가슴을 울렸던 이유는, 부르는 노래마다 그 속에 자신의 인생이 가득 들어 있었기 때문입니다. 그 시기 온 국민은 대한민국의 눈부신 경제성장 속도에 맞추어 열심히 살지 않을 수 없었고, 지친 몸과 마음을 달래주면서도 힘을 줄 노래가 절실히 필요했습니다. 윤수일의 삶이 묻은 노래는 국민의 마음에 마구 파고들어갔습니다. 윤수일의 노래는 곧 윤수일의 인생 스토리였습니다. 동시대를 더 거칠게 통과한 인생이 담긴 노래였기에 국민의 마음 깊이 스며들 수 있었습니다. 마치 요즘의 우리가 자이언티의「양화대교」를 들으면 내 얘기 같고 가슴이 찡해지는 것과 비슷한 경우입니다.

지구 반대편에 쿠바라는 나라가 있습니다. 그곳에 스토리의 깊이가 예술의 깊이임을 증명하는 가수들이 있습니다. 예술은 늙지도, 죽지도 않는다는 것을 보여준 '부에나 비스타 소셜 클럽'의 멤버들입니다. 그들은 젊은 시절 이런저런 가수 활동을 했습니다. 하지만 녹록지 않은 삶의 조건으로 인해 그들은 음악과 결별하고 살았습니다. 빠른 세월 속에서 너무 많이 늙어버렸습니다. 1996년 미국의 레코딩 프로듀서 '쿠더'가 그들을 하나하나 찾아낼 때까지 그들은 구두를 닦거나, 머리를 깎거나, 무용 학원에서 피아노를 치고 있었습니다.

쿠더는 이들을 다시 무대로 불러올려서 쿠바 음악의 위대함을 세상에 꼭 알리고 싶었습니다. 가수들을 찾아가는 과정을 〈부에나 비스타 소셜 클럽〉이라는 다큐멘터리로 제작했습니다. 쿠더는 음악실을 만들고 멤버들을 한 사람 한 사람 불러들였습니다. 그들에게선 젊은 시절 아바나의 클럽에서 뿜어내던 음악의 흔적이 거의 사라진 듯 보였습니다. 먼저 그들은 지나온 긴 세월 동안 각자 무엇을 했는지 이야기했습니다. 한 사람의 이야기가 나오고 또 다른 사람의 이야기가 나오면서 그 이야기의 뿌리, 자신들의 삶의 뿌리인 '음악'으로 이야기의 물결은 모여졌습니다.

갑자기 그 옛날의 노래 한 소절이 이야기 속에 들어갑니다. 그 노래를 옆 사람이 이어갑니다. 이윽고 한 곡이 부활합니다. 그들의 노래는 그들의 지나온 인생 자체입니다. 젊은 시절 뜻 모르고 부르던 노랫말들이 오랜 세월이 지나 다시 부르니

정말 맞는 이야기라며 놀라워합니다. 지금이야말로
그들이 진짜 노래를 표현할 시간이 온 것임을 쿠더는
알아차렸습니다. 그들의 음반은 전 세계 음악 시장을
발칵 뒤집어놓습니다. 지구상의 모든 음악인이 서기를
갈망하는 미국의 카네기홀에서도 공연하고, 세계
각국에서 러브콜을 받습니다.

    그들이 부르는 가사는 시를 넘어섭니다. 밴드
멤버 중 하나인 '이브라힘'은 노래합니다. "내 슬픔을
꽃들에게 알리고 싶지 않아. 내 눈물을 보면 죽어
버릴 테니까." 그동안 쓸쓸한 그늘 속 인생을 살면서
얼마나 많은 말을 꽃에게 건넸을까요. 그만큼 고독이
파준 인생의 깊이는 컸습니다. 이브라힘은 구두를
닦으면서 출근하는 회사원, 결혼식장에 가는 부모, 꽃을
들고 사랑을 고백하러 가는 청년과 이야기를 나눴을
것입니다. 노래는 없었지만 이브라힘의 말소리는
손님들의 마음에 젖어갔을 것이 분명합니다.

    아이들의 발동작을 따라가던 '곤잘레스'의
피아노 소리는 어린 무용가들이 나중에 커서야 깨닫게
될 예술의 맛을 미리 전해주었을 것입니다. '콤파이'에게
머리를 깎았던 사람들은 머리를 쓸어 넘길 때마다
기타 소리를 들었을지 모릅니다. 그들이 살아오며

세상에 건넨 말과 눈빛은 하나도 빠짐없이 모두 노래에 스며들었습니다.

그러나 세월은 매몰찹니다. 세계인의 박수를 받으며 멤버들은 한 사람씩 지구상에서 사라져갑니다. 지금은 마지막 가수까지 떠나 그들의 목소리만 남겨져 있습니다. 예술은 이토록 긴데 인생은 이토록 짧습니다. 그렇지만 삶의 한계가 정해져 있는 유한자의 허무가 아니고서는 이런 예술은 나오지 않습니다. 우리 인생은 끝이 있기에 허무하고도 아름답습니다. 우리는 모두 유한자이기에 서로를 감싸야 합니다. 진짜 예술은 거기서 나옵니다.

자신의 예술을 세상이 알아주지 않는다고, 자기가 만든 예술품을 찾아주는 사람이 없다고 탄식하는 사람이 많습니다. 세상이 그들의 마음을 몰라주는 것은 운이 없어서가 아니라, 이야기가 쌓이지 않아서입니다. 우물에 물이 고이지 않았는데 누가 거기에 두레박을 던지겠어요. 최근 우후죽순 오디션 프로그램들이 생겨났습니다. 노래에 조금 소질이 있는 청소년이라면 저마다 '가수나 한번 해볼까?' 생각할 것입니다. 우리는 수많은 프로그램을 보면서 저 중에

10년이 지나 가수로 남아 있을 사람이 몇이나 될까
궁금해합니다. 자기 이야기를 음악에 계속 얹어가는
사람만 가수로 남을 것입니다.

    요즘 전성기를 누리는 한 트로트 가수는 무명
시절에 동네 소규모 슈퍼마켓에서 오랫동안 노래를
불렀습니다. 무대도 없고 음향 장비도 안 갖춘 슈퍼
앞마당에서 물건을 사러 오는 사람들을 향해 부르는
노래. 지나가는 사람들이 불쌍하게 쳐다보기도 합니다.
이러한 환경에서 진심으로 즐겁게 노래할 수 있는
가수는 드물 겁니다. 다른 가수라면 이 굴욕적인 시간이
빨리 흐르기만을 바랐을지도 모릅니다.

    원래 계약상으로는 노래하면서 분위기만 띄우면
됐지만, 이 가수의 태도는 훨씬 적극적이었습니다.
흥겨운 노래를 들은 사람들이 가수가 있는 판매대에
몰려들어 물건을 사기 시작했지요. 내친김에 그는
가수의 본분을 잊고 그 어떤 점원보다 많은 물량을
팔아치우며 날마다 기록을 갱신했습니다. 슈퍼
사장으로부터 보너스를 두둑하게 받은 건 당연합니다.
그뿐인가요. 판매왕 가수라는 입소문을 타고 전국에서
그를 찾는 전화가 쏟아졌습니다. 굳이 출연료를 말하지
않아도 금액은 저절로 자꾸 올라갔습니다.

무대의 규모도 점점 커졌습니다. 슈퍼 앞마당이 아니라 지자체의 큰 행사장들이 경쟁적으로 그를 불러댔습니다. 레드카펫을 꿈꾸며 인지도를 높이려고 했던 다른 가수들보다 높은 개런티를 받게 되었습니다. 큰 무대로 갈수록 이 가수의 진가는 더욱 발휘됩니다. 가장 작고 초라한 무대에 마음을 다 쏟았던 사람이었고, 그 마음과 자세 그대로를 큰 무대의 관객들에게 보여주었으니 관객의 마음을 확 사로잡은 건 너무나 당연합니다. 보통 운전자들이 1년에 두 번 정도 교체하는 자동차의 엔진오일을 매주 교체할 정도였다고 하니, 그가 벌어들인 출연료를 상상하기도 힘듭니다.

관객은 노래에서 소리만 듣는 게 아닙니다, 간혹 원곡 가수보다 더 노래를 잘 표현하는 가수들도 있습니다. 그러나 관객은 기술적으로 더 잘하는 가수의 목소리를 원하지 않습니다. 그 노래에 얽힌 그동안의 이야기와, 그 노래가 이런저런 관객들에게 흘러갔다가 반사되어서 돌아온 감정들과, 그 노래가 길거리에서 받았을 모욕까지 관객들은 모두 듣고 있는 것입니다. 그런 노래라야 우리의 가슴을 파고들어 붉게 물들입니다.

굴욕의 눈물을 삼키며 부른 노래들은 그를 어떤

무대에서도 황홀한 공연을 펼치는 가수로 만들었고, 마침내 그는 정상에 섰습니다. 작은 일에도, 굴욕적인 일에도 모든 마음을 다하는 사람에게 하늘은 진짜 큰 기회를 줍니다. 세상과 사람과 자기 앞에 놓인 예술과 끊임없이 이야기를 나눈 사람만이 결국 노래의 신이 되지 않을까요. 그래요, 노래하는 사람은 신의 영역을 조금 갖고 있어야 합니다. 기술적으로 잘하는 것뿐 아니라, 평범한 사람들이 일상에서 쉽게 가닿을 수 없는 어떤 세상의 이야기, 사람과 사람 사이의 이야기들을 가사와 음으로 표현할 수 있어야 합니다.

자기만의 스토리를 쌓아가는 데 반드시 통과해야 하는 문이 하나 있는데, 그게 바로 '굴욕'입니다. 가수는 수없이 굴욕의 무대를 견뎌내고 난 후에 비로소 좋은 가수가 됩니다. 무대와 객석 사이에는 건너기 힘든 깊은 계곡 같은 게 있습니다. 관객은 그 계곡을 건너기 힘들기 때문에 무대를 동경하는 것입니다. 관객이 무대에 선 사람에게 요구하는 것은 평범한 사람이 해낼 수 있는 영역을 넘어선 어떤 것입니다. 그것이 충족되었을 때는 뜨거운 박수가, 그렇지 않을 때는 차가운 외면이 남게 됩니다.

예전에 텔레비전에서 한 여자 가수가 굴욕적으로 노래하는 장면을 본 적 있습니다. 그 노래는 같이 무대에 선 남자 가수의 노래였고 노래의 음정도 남자 가수에 맞춰져 있었습니다. 평소에 노래 잘하기로 정평이 난 여자 가수는 그날 눈에 띄는 실수를 했고, 며칠간 시청자들의 입방아에 오르내렸습니다. 실력 있는 가수가 그래서 되느냐는 의견과, 아무리 뛰어난 가수라 해도 상황에 따라 그럴 수도 있다라는 의견이 맞섰습니다.

나는 논쟁의 내용보다는 그 가수가 무대에서 내려왔을 때의 절망에 대해 생각해봤습니다. 한동안, 어쩌면 영원히 방송이나 무대에 서고 싶지 않을 정도로 마음이 비통했을 겁니다. 그 차가운 바닥에 내던져진 마음 또한 오래도록 회복되기 어려웠을 테고요. 그러면서도 이것을 반드시 극복해야 한다는 비장한 결심이 차가운 바닥을 덮혀왔을지도 모릅니다. 그 가수의 굴욕이, 혼자 남게 되었을 때 엉엉 울며 다짐하는 그 순간이, 완벽한 노래를 만드는 도구가 되었으리라 믿습니다. 며칠 후 텔레비전에 나온 그 여자 가수는 이전보다 더욱 멋지게 노래했습니다. 굴욕이 만든 황홀한 노래였습니다.

한국 최고의 어느 국악 명창은 말합니다.
"열 번의 공연 중에 일곱 번은 불만족스럽고, 그중 서너 번은 스스로 참기 힘들 정도예요. 일정하게 만족스러운 소리가 안 나온다는 점은 내 평생의 숙제죠." 우리가 보기에 언제나 완벽한 소리를 내는 명창도 속에는 그런 고통이 있나 봅니다. 수십 년 노래를 불러온 라이브의 황제도 무대에 설 때마다 떨리고, 심지어 어떤 날은 자기가 가장 많이 불렀던 노래의 가사도 생각이 안 날 때가 있다고 합니다. 모든 무대에서 그는 생각한다고 합니다. '오늘은 노래가 잘되네' 혹은 '오늘은 왠지 잘 안되네?'라고요.

라이브 공연이란 어쩌면 평소보다 더 나은 소리를 만들어내는 것보다, 특별히 모난 부분을 다듬는 리스크 관리 측면이 더 큰지도 모릅니다. 그러니까 '평소 연습 때의 90퍼센트 정도를 내겠다'라고 생각하면 편합니다. 무대에서 더 잘하고 싶다면 평소의 실력을 120퍼센트까지 높여나가는 수밖에 없습니다. 흔히 하는 말로 연습은 실전처럼, 실전은 연습처럼 하면 좋습니다. 그리고 어떤 것을 얻기 위해 다른 어떤 것은 희생해야 합니다. 예를 들어, 가수는 공연을 하기 며칠 전부터 말도 아껴야 합니다. 무대에 서면 그간의 희생을 보상받으며 기쁨이 차오릅니다. 사전 관리에 실패하면 무대에 서는 순간 절망합니다. 이것은 노래뿐 아니라 인생의 모든 일에 똑같이 적용됩니다.

　　굴욕은 관객이 주기도 하지만, 내가 나 자신에게 주기도 합니다. 그렇게 되면 '나 같은 건 무대에 서면 안 돼!' 하는 자괴감으로 이어져 한동안 괴로운 시간을 보내게 되지요. 그 괴로움을 자기반성과 개선의 시간으로 승화한다면 발전할 것이고, 너무 길게 끌고 가면 본래의 재능까지 잃어버리게 될 수도 있습니다. 따라서 굴욕을 느끼되, 곁에 오래 머물게 해서는 안 됩니다. 굴욕은 우리를 가르치는 혹독한 스승입니다. 굴욕적인 상황을 극복하는 과정에서 우리는 자기만의 굴곡과 깊이가 있는 스토리를 만들어냅니다.

　　정상에 선 사람들은 다 자기만의 스토리가 있습니다. 그 스토리를 자기 일에 녹여낸 사람들이죠. 나만의 스토리는 이 시대가 요구하는 중요한 스펙입니다. 그 스토리 안에는 그동안 내가 쌓았던 지식과 여러 가지 능력, 그리고 나만이 갖고 있는 소중한 가치가 하나로 뭉쳐 있습니다. 세상은 우리가 그것들을 어떤 과정으로 얻었는지, 얼마나 쌓았는지, 얼마나 독창적인지, 가진 것을 이용해서 앞으로 무엇을 창조해낼 수 있는지 궁금해합니다. 세상은 우리의 스토리를 듣고 싶어 합니다.

9

새로운 환경을 찾고 싶은 너에게

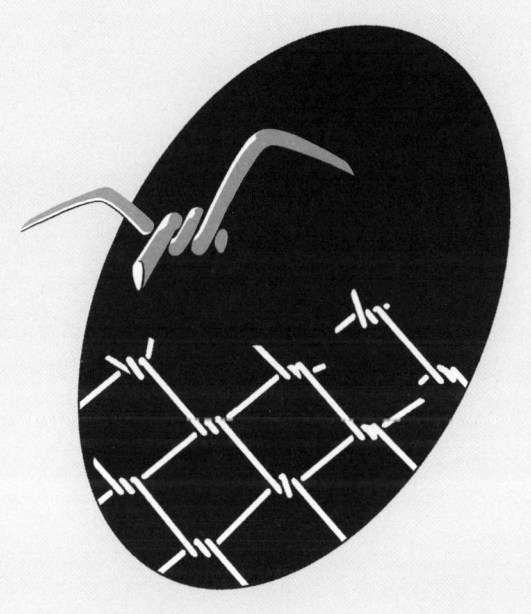

작은 이동이 가져오는 큰 효과

결코 여러분의 존재를 함부로 다루지 마세요.
세상을 버리지 말고 여러분을 한 인격체로
대하지 않는 그곳을 떠나세요. 다른 곳에서
여러분을 아껴주고 사랑하는 사람들과 함께
작은 일부터 차근차근 시작해나가세요.
어둠에서 빛으로 이동해보니, 나를 필요로
하는 사람들이 너무나 많다는 걸 알게
되었어요.

북콘서트를 끝내고 음향 장비를 정리하는데 강당 무대 위에서 두 친구의 작은 싸움이 시작되었습니다. 서로를 붙잡고 바닥을 뒹구는 상황, 그냥 두면 싸움이 더 격해질 것 같았습니다. 싸움은 초기에 푸는 것이 좋고 그래야 남는 마음의 찌꺼기도 적습니다. 나는 지체 없이 두 친구를 떼어냈습니다. 서로 멀리 떨어지게 한 후에, 한 명에게 다가갔습니다. 무어라 한마디 말을 건네고 돌아서서 다른 쪽 학생에게 가서 똑같은 말을 해주었습니다. 곧 두 학생은 별일 없었다는 듯 들어가 다른 친구들 무리에 섞였습니다.

내가 두 학생에게 똑같이 해준 말은 "잠시만 지나면 별거 아니야"였습니다. 작은 분노와 갈등이 생겼을 때에는 그걸 일으킨 대상과 잠시만 떨어져서 시간을 보내면 됩니다. 거리를 둔다는 건 정말 최고의 방법입니다. 자존심을 세우려 들면 갈등은 커지기만 합니다. 자존심은 잠시 접어두고 한 발짝 물러선 뒤 홀로 자존감을 일으켜 세우는 게 백 배 낫습니다.

내가 피하는데도 상대가 계속 따라붙으며 자극하거나 괴롭히는 경우도 있습니다. 그럴 때는 더 멀리 피하면 됩니다. 작은 범위에서의 이동이 효과 없다면, 더 큰 범위의 이동을 고려할 필요가 있습니다. 부모님도 이해 못 하고 견뎌보라고만 하나요? 그러면 당분간 어디 가지 말고 집에 머무는 것도 좋습니다. 부모님에게 내가 얼마나 힘든지 정확하게 설명해주세요. 피하는 게 무슨 답이냐구요? 그냥 피하기만 하는 게 아닙니다. 프로 권투선수도 3분마다 1분씩 꼭 쉽니다. 여러분의 거리 두기 전략은 권투선수의 1분과도 같습니다.

    괴로운 환경으로부터 거리를 두면 내 마음은 다시 안정을 찾고 힘을 회복합니다. 절대 혼란한 그 자리에서 오래 머물지 마세요. 마음이란 건 한번 크게 허물어지기 시작하면 가속도가 붙습니다. 반면에 내가 안정을 취할 수 있는 공간에 머무르다 어느 정도 시간이 지나면 힘이 붙기 시작합니다. 단, 둘의 속도는 다릅니다. 회복의 시간은 허물어지는 시간보다 몇 배 더 걸립니다. 그러니 내가 더 많이 허물어지기 전에 조금이라도 빨리 회복의 장소로 이동하는 것이 정답입니다. 마음이 무너지는 상황이 생기면 적극적으로 주변에 도움을 요청하세요. 주변에서 다 안 도와준다면 가까운 주변 말고 더 멀리 뛰어가서 소리치세요. 세상 어딘가에 있을 여러분의 편을 발견할 때까지 가보세요.

나는 중2 때 친구들과 갈등을 빚은 적 있습니다. 친구들이 나를 괴롭힌 건 아닙니다. 지금 생각하면 별것 아닐 수도 있는 작은 갈등이었습니다. 그 과정에서 약간의 폭력도 겪었지만 친구들은 나를 더 힘들게 하진 않았습니다. 나도 친구들도 같이 조금씩은 잘못한 부분이 있다는 걸 알고 있었기에 서로 간에 나쁜 감정은 남아 있지 않았습니다.

그런데도 마음이 약했던 나는 항상 친구들이 다니는 길을 피해 학교를 다녔습니다. 그러다 중학교를 졸업할 무렵, 통학하기엔 조금 먼 곳에 있는 고등학교에 배정되었습니다. 집에서 멀리 떨어진 고모 집에서 다니라고 연락이 왔을 때, 나는 뒤도 안 돌아보고 그러겠다고 했습니다. 고등학교 3년간 나는 새로운 환경에서 마음의 힘을 회복해갔습니다. 이렇게 환경을 바꾸는 일은 매우 중요합니다.

한번 힘을 얻는 방법을 알고 나니, 나중에 크게 불편한 환경을 만났을 때도 버틸 수 있었습니다. 나는 1997년 겨울에 군 입대를 했습니다. 그때의 군대는 인권의 사각지대였습니다. 부대 배치를 받은 날부터 시작해서 6개월 동안 아침저녁으로 맞았습니다. 이성과 상식이 없는 그곳에서 나는 가끔 죽음을 꿈꿨습니다. 어느 날은 저녁에 창고에서 맞고 들어와서 선임들을 위해 노래를 부른 일도 있습니다. 맞은 가슴에 통증을 느끼면서 조금 전 나를 때린 선임을 향해 노래를 부른 일은 정말이지 서러운 기억으로 남아 있습니다. 6개월 이후부터는 빈도가 조금씩 줄어들더니 나중에 병장이 되자 폭력의 대상에서 제외되었습니다. 물론 나만 빠져나왔을 뿐 폭력적인 분위기는 그대로 유지되었습니다.

그 살벌한 환경에서 내가 죽더라도 이것만은 지키자 한 게 있었습니다. 후임에게 절대 손대지 않겠다는 다짐이었습니다. 그 다짐 때문에 나는 더 많이 맞았습니다. 폭력을 받은 대로 물려주는 것이 법이었던 세계에서 나는 범법자였습니다. 사람들은 자기가 하는 잘못이, 그렇게 하지 않는 사람에 의해 거울처럼 비춰질 때 더 분노하는 것 같습니다. 너만 잘났느냐는 겁니다. 나는 계속 버텼고 나를 둘러싼 환경은 아주 조금씩 변해갔습니다.

그 상황에서도 내가 조금씩 기댈 수 있는

선임들이 더러 있었습니다. 그들은 분위기 때문에 어쩔 수 없이 나를 때리면서도 나중에는 미안하다고 했습니다. 그들은 내가 그 환경을 버티는 데 큰 힘이 되었습니다. 뭔가 잘못한 후임 때문에 직속 선임인 내가 대신 맞은 날은 후임들이 나를 찾아와서 미안하다고 했습니다. 나는 이래저래 미안하다는 소리를 들으며 병장이 될 때까지 버텼습니다. 30년이 흐른 지금도 폭력의 질감은 생생합니다. 외진 창고의 어둡고 살벌한 공기도 손에 닿을 듯 느껴집니다.

이렇게 폭력의 영향은 오래오래 남습니다. 여러분, 크든 작든 폭력은 타인의 인생을 일정 부분 무너뜨립니다. 마치 누군가의 인생의 둑에 구멍을 내는 것과 같습니다. 한때 실수로 작은 구멍을 낸 것뿐이라고 생각하면 안 됩니다. 그 작은 구멍은 내부의 수압에 의해 점점 커져 언젠가 둑 전체의 붕괴로 이어질 수도 있습니다. 사람의 마음은 둑 안의 물처럼 급작스레 불어나서 둑을 터뜨릴 수도 있기 때문입니다.

그 기간의 어둠을 꾸역꾸역 참아낸 또 다른 이유는 탈출구가 없었기 때문이기도 합니다. 당시 우리 부대는 간부에게 상담을 하거나, 소원 수리라는 비밀 쪽지를 쓰거나 하는 일이 거의 불가능했습니다. 후임 중

누군가 한번 쪽지를 함에 넣었다가 그다음 날 쪽지가
악랄한 선임의 손에 들려 있는 걸 확인한 뒤부터,
그리고 그날 더없는 지옥을 경험한 뒤부터는 아무도
다시 시도하지 않았습니다.

　　　가까이에 내 편이 한두 명만 있으면 힘을 회복할
수 있습니다. 당시 내겐 네 명의 동기가 있었는데,
그들은 나한테 정말 잘해줬습니다. 사실 동기들은
사회에서 꽤나 힘하게 생활한 이력이 있었습니다.
동두천의 불주먹도 있었고 어릴 때부터 원양어선을
타면서 삶과 죽음의 경계를 넘나들었던 친구도
있었습니다. 그들은 후임들에게는 매우 사나웠지만
나에게는 뜨거운 동기애를 발휘해주었습니다.

　　　앞서 말한 것처럼, 나는 군대에서도 내 환경을
스스로 바꾸는 쪽으로 조금씩 움직였습니다. 예를 들면
일요일에 다들 쉬거나 축구를 할 때 나는 작업조에
신청해서 일했습니다. 다들 나한테 쉬지 않고 뭐하러
일하러 가냐고 했습니다. 사람 때문에 힘들다면 내 몸이
힘든 환경을 택하는 것도 좋은 방법이었습니다.

　　　버티면서 조금씩 다른 환경을 모색하다 보면
가끔 행운이 찾아오기도 합니다. 하루는 길을 걷다
노래를 하는데 다른 소대 선임이 나를 불러세웠습니다.

자기 앞에서 노래를 해보라는 겁니다. 한 소절 불렀더니, 정훈장교에게 나를 데려갔습니다. 그 기회를 통해 나는 문화선전대 병사로 특채되어 몇 달간 여러 부대를 돌아다니며 노래 공연을 했습니다.

어느 날 밤, 부대 내 교회에 앉아 있는데, 평소에 내가 가장 아끼고 속 깊은 얘기도 많이 나누는 후임이 나를 찾아왔습니다. 얼굴에 벌써 위기 상황이라고 쓰여 있었습니다. 그냥 내 얼굴이라도 잠시 보고 가고 싶어서 왔다는 겁니다. 가고 싶다고? 어딜? 왠지 섬뜩한 느낌이 들었지만 후임은 이유를 물어도 말하지 않고 한참을 버텼습니다.

"네가 나를 가장 의지한다면서, 나한테도 말 못하니?"

"······죄송합니다."

"그래 알았다. 대신 여기 30분만 있다 가거라."

우리는 서로 떨어져서 말도 없이 앉아 있었습니다. 사실 나는 그가 나갈 때 따라나서서 사고를 막고 부대에 알릴 준비를 하고 있었습니다. 얼마의 시간이 지나고 후임은 천천히 일어섰습니다. 교회 문을 나서려던 그가 뒤돌아서서 나를 바라보았습니다. 잠시 내 얼굴을 응시하던 그는 내가 울고 있다는 걸

새로운 환경을 찾고 싶은 너에게

알고 내 쪽으로 걸어왔습니다. 우리는 소리 죽여 한참 울었습니다. 야외 보초 교대하러 가는 발걸음 소리가 교회 앞을 지나갔습니다.

우리는 일어서서 가만히 악수를 했습니다. 후임은 느린 걸음으로 생활관에 돌아갔습니다. 후임이 어디로 가려고 했는지 어떤 일을 하려고 했는지 나는 그날도 다음 날도 묻지 않았습니다. 부대 내 아무에게도 우리의 눈물을 얘기하지 않았습니다. 나중에 사회에 나와 우연히 예비군 훈련장에서 재회하자마자 우리는 또 울었습니다. 그리고 환하게 웃었습니다. 그는 그때 자신에게 닥쳐왔던 폭풍 같은 일을 이겨내고 밝은 모습으로 잘 살고 있었습니다. 이처럼 진정한 내 편 한 사람만 있으면 새로운 환경을 만들 수 있습니다.

내게는 10년 넘는 인생의 암흑기가 있었습니다. 한때의 실수로 빚에 쫓기면서 어둠 속을 걸었습니다. 내 인생에서 증발되어버린 10년, 너무나 아깝습니다. 하지만 상실만 있는 건 아닙니다. 가장 깊은 어둠은 가장 밝은 빛을 발견하는 힘을 가졌습니다. 찰리 채플린이 말했습니다. "웃지 않는 날이 있다면, 그날은 인생에서 버려진 하루다." 마음이 자꾸 무너질 때,

우리가 꼭 해야 할 몇 가지가 있습니다. 우선 몸을 많이 움직이고, 일부러라도 웃고, 다른 사람과 이야기를 나눠야 합니다. 웃음은 젖은 우리 마음을 말리는 햇빛입니다.

일하느라 바빠서 몸이 힘들면, 마음이 힘든 것을 잊어버립니다. 내가 극한의 우울 속에서 하루하루를 보내고 있을 때, 어느 날 버스를 타고 가다가 서점 간판을 보고 갑자기 내렸습니다. 당시 나는 책 한 권 사볼 돈도 없었습니다. 하지만 그냥 책 구경만이라도 하고 싶었습니다. 문학 서적 목록을 보고 있으니 잠시 괴로움을 잊었습니다. 그러다 어떤 제목이 눈에 들어옵니다. 『움직임』(조경란 지음, 작가정신, 2003)이라는 소설책이었습니다. 나도 모르게 그 책을 뽑아서 펼쳤습니다. 마지막 부분에 이런 내용이 쓰여 있었습니다. "행복은 열성이고 불행은 우성이다. 우리가 열심히 열심히 살아야만 겨우 행복해지는 이유가 이것이다."

불행은 행복보다 힘이 세서, 가만있으면 우리는 불행해질 수밖에 없다는 말입니다. 행복의 손을 잡고 마구마구 달려서 불행을 앞질러야 한다는 겁니다. 나는 내가 왜 우울한지 알게 되었습니다. 몸을 충분히 움직이지 않았던 겁니다. 그날 집에 돌아와서 일기에 썼습니다. "어떤 움직임도 정지보단 낫다." 그 한 줄이 내 글쓰기의 시작이 되었습니다. 글들은 꼬리에 꼬리를 물고 쓰여서 얼마 후 나는 네이버에서 선정하는 문화예술 분야 파워블로거가 되었습니다. 언론 방송에 알려지고 인생의 많은 전환을 맞이했습니다. 방향 없는 발버둥에 가까웠던 내 움직임은 큰 힘을 갖고 있었습니다.

감당하기 힘든 일이 생긴다면 혼자서 끙끙 앓지 마세요. 주변을 둘러보고 조금씩 움직여보세요. 분명히 새로운 환경이 가까이 있습니다. 참고 견디는 건 어떤 경우에는 좋은 겁니다. 자기 인생에도 도움이 되고요. 그런데 죽고 싶을 정도로 참는 건 안 됩니다. 이럴 때는 적극적으로 도움을 요청해야 합니다. 만약 사람들이 나를 이유도 묻지 않고 도와준다면, 내가 너무 오래 참아왔다는 증거입니다. 그 상황까지 가지 않는 게 좋습니다. 평소에 나의 가장 어려운 일을 마음으로 들어주고 응원해줄 수 있는 사람을 한두 명 옆에 두세요.

나는 스스로에게 매일 이 질문을 던집니다. "내 아이가 자기를 통제할 수 없는 가장 어려운 순간이 점점 다가오면, 나한테 얘기할 수 있을까?"라는 질문입니다.
그 상황이 오면 어떻게 될지 단정 지을 수는 없지만,
그런 부모가 되도록 진정으로 노력하고 있습니다.
친구한테도 할 수 없는 이야기를 부모한테 할 수 있는
아이, 과연 얼마나 될까요. 힘들게 얘기를 꺼냈을 때
아이의 입장에서 해결하지 않고 문제를 더 키우는
부모의 모습을 본다면, 아이는 앞으로 부모한테 절박한
이야기를 하지 않을 겁니다. 아이가 가장 큰 위로와
안식을 얻을 수 있는 방법으로 함께 대처해간다면
가능한 일이지 않을까요.

    결코 여러분의 존재를 함부로 다루지 마세요. 내 생명 내 인생이 세상에서 제일 소중하고 고귀합니다. 내 인생이 닫히면 이 모든 세상은 함께 닫힙니다. 그러니 내 작은 인생은 끝없는 우주와 같은 크기 아니겠습니까. 절대 이 위대한 존재를 스스로 무너뜨리지 마세요. 자신의 위대함을 끝까지 믿어보세요. 당신은 이 세상 자체입니다. 우리가 세상을 떠날 이유는 육체가 수명을 다했을 때와 남을 살리기 위해 숭고하게 목숨을 내놓아야 하는 경우, 딱 두 가지밖에 없습니다. 세상을 버리지 말고 여러분을 한 인격체로 대하지 않는 그곳을 떠나세요. 다른 곳에서 여러분을 아껴주고 사랑하는

새로운 환경을 찾고 싶은 너에게

사람들과 함께 작은 일부터 차근차근 시작해나가세요.
어둠에서 빛으로 이동해보니, 나를 필요로 하는
사람들이 너무나 많다는 걸 알게 되었어요.

10

더 넓은 세상을 찾고 싶은 너에게

타인의 삶으로 건너가면 넓은 세상이 열린다

사람과 사람 사이에는 어떤 왕복선이 왔다
갔다 합니다. 한 사람의 마음이 왕복선을
타고 상대의 마음 역에 내려 한동안 거닐다
돌아옵니다. 서로의 마음을 실어 나르며
서로의 흔적들을 남깁니다. 상대의 흔적이
내 인생의 일부로 녹아드는 화학작용이
일어납니다.

*

회사를 다닐 때 나는 주로 온라인 서점에서 책을 주문하여 택배로 받았습니다. 출근길이 힘들게 느껴지다가도 오늘 새 책을 받는다고 생각하면 즐거움이 샘솟던 날들이었습니다. 책을 자주 구매하다 보니 자연스레 배송 기사와도 점점 낯을 익히게 되었지요. 요즘에는 코로나 시기를 지나면서 문 앞 배송이 자연스럽게 정착되었지만, 그때만 해도 받는 사람에게 직접 전달하는 일이 많았습니다. 나는 그에게 수고스럽게 사무실 내 자리까지 오지 말고 건물 입구 우편함에 놓고 가라고 부탁했습니다. 책 한 권쯤 잃어버려도 좋고 그걸 가져가는 사람이 생기면 독서 인구가 하나 늘어나는 것이니 어느 면으로 보나 나쁜 점이 없었습니다.

    서로 잘 알고 지내게 되자 어떤 날은 점심 먹으러 가는 길에 배송 기사를 만나 책을 받은 적도 있었습니다. 출장으로 자리를 비우면 우편함에 책이 쌓이는 걸 보다 못한 경비실에서 맡아주는 경우도 있었는데, 잃어버려도 좋으니 신경 써서 챙기지 마시라고 부탁드렸습니다. 최근 경비 업무에 택배 받는 일을 정식으로 포함시키려는 법안이 추진될 뻔했는데, 결국 안 됐으니 다행이라 생각합니다.

어떤 일에도 좋은 점과 나쁜 점이 있을 텐데, 사회적 약자 입장에서 처리하면 모두에게 이익이 되는 결정으로 이어진다고 믿습니다. 그것이 복지입니다. 자본주의 사회에서는 많이 가진 사람에게 약간의 불편에 그칠 일도, 덜 가진 사람에게는 엄청난 고통인 경우가 많습니다. 그렇다면 고통을 덜기 위한 쪽으로 결정을 해야 하지 않겠습니까. 위급 환자를 태운 구급차에 양보해주는 일은 약간 불편한 일이지만, 죽음과 맞닿아 있는 환자의 고통을 덜어줄 수 있다면 불편이라 느껴지지도 않습니다.

택배를 건네는 기사의 손을 스치듯 볼 때가 있습니다. 얼마나 많은 상자를 들었으면 손가락마다 굳은살이 생겼을까요. 그 굳은살만큼 단단하고 넉넉한 인생이 되기를 소원하며 그의 발소리가 멀어진 뒤에 천천히 문을 닫습니다.

회사 업무상 퀵서비스도 많이 이용했습니다. "퀵서비스 기사입니다" 하는 전화가 오면 급한 일을 하다가도 곧바로 건물 밖으로 달려 나갔습니다. 기사가 나를 찾아서 사무실까지 오는 일은 없게 만들었죠.

내가 물건을 보내는 경우도, 기사가 도착하기 전에
발송 준비를 마치고 기다렸습니다. 물건을 건네주고는
출발하려는 기사에게 당부했습니다. 빨리 배송 안
되어도 괜찮으니까 천천히 안전하게 가시라고요.
그리고 정해진 요금보다 조금이라도 더 챙겨드리려고
노력했지요.

가끔 회사에 상품 견본이 남으면 드리기도
했습니다. 환하게 웃는 모습을 보면 나도 기뻤습니다.
돌이켜 생각해보면 그때 내가 그리 행동했던 데는
이유가 있었습니다. 당시 나는 경제적으로 매우
어려웠고 나도 다른 이들에게 그런 대접을 받고
싶었습니다. 이렇게 하다 보면 언젠가 내게 되돌아올
수도 있지 않을까 하는 막연한 바람에서 타인에게
친절을 베풀었던 것입니다.

내가 존경하는 한 선배는 고등학교를 졸업하고
순수한 자신의 노력으로 중견 회사의 임원이
되었습니다. 선배는 거래처와 술을 마신 뒤 대리운전을
이용하여 집으로 가게 되면 응원과 격려의 마음으로
대리기사에게 꼭 팁을 준다고 합니다. 사회의 선순환은
이런 일에서 생겨납니다. 서비스를 제공하는 사람은
서비스를 받는 사람의 작은 배려가 얼마나 크게

다가오는지 모릅니다.

　　패스트푸드점에서 주문을 받는 청년들 앞에 서면 가장 겸손하게 주문하는 사람이 되고 싶습니다. 우리 아이들도 커서 이 청년의 모습으로 아르바이트하고 함부로 대하는 사람도 상대하게 될 것입니다. 다음 세대에게 어떤 세상을 물려줘야 할까요. 아파트 단지에 택배 차량을 출입 금지시키고, 승강기를 사용하지 못하게 막아 계단으로 걷고 뛰어서 배송하라고 하고, 왜 이렇게 늦게 왔냐고 눈을 부라리며 문을 쾅 닫는 그런 세상을 남겨줄 건가요.

　　한번은 차가 고장 나서 수리를 맡겼는데, 며칠간 이용하던 렌터카를 타고 차를 찾으러 갔습니다. 집으로 올 때는 원래의 차와 렌터카 두 대를 끌어야 하니 대리기사를 불렀습니다. 나는 이왕 팁을 주려면 일 시작 전에 미리 주자고 생각하는 편입니다. 그래서 차가 출발하기 전에 미리 팁을 주고 천천히 안전하게 운행해달라고 부탁했습니다.

　　목적지에 도착한 뒤 대리기사는 트렁크에서 꺼낸 전동 킥보드를 타고 떠났습니다. 나도 차에서 내려 집으로 걸어갔습니다. 왼쪽으로 굽은 골목길에 접어들려는 순간 살짝 눈을 돌려 보았더니 저 어둠

너머로 대리기사가 나를 바라보고 있었습니다. 나는 모른 척 골목으로 들어왔습니다. 팁을 줄 때 너무나 고마워하던 그의 표정이 떠올랐습니다. 그는 술에 취해 대리기사를 함부로 대하는 사람들을 매일같이 만날 겁니다. 정말 고맙다고 악수를 하며 헤어지는 손님을 보는 일은 흔치 않아서 그 모습이 보이지 않을 때까지 바라봤을 수도 있습니다. 나는 그의 성공과 재기를 간절히 빌었습니다.

사람이 사람을 함부로 대하는 뉴스를 매일 보게 됩니다. 세상에 알려지지 않은 갑질은 얼마나 많을까요. 매장 직원에게 함부로 대하는 사람이, 자기 가족은 그런 직장에서 일하지 않기를 바라겠죠. 사람은 이렇게 양면성을 띠고 있습니다. 내가 돈을 쓸 때는 거친 마음을 갖기 쉽고, 내가 돈을 받을 때는 약한 마음을 갖기 쉽습니다. 나는 조금 전 막 나가는 소비자였다가 잠시 후 눈치 보는 판매자가 됩니다. 하루에도 수십 번씩 이 상황이 반복됩니다. 돈이 많은 사람은 소비자의 위치에 좀 더 자주 서게 되겠죠. 그래서 사람들은 더 많은 돈을 소유하기를 원합니다.

그런데요, 이걸 한번 생각해봅시다. 돈과 힘이

많을수록 더 행복해지는 세상이라면 결국 그 세상은 폐허가 되고 지옥이 됩니다. 왜냐하면 지구 위의 단 한 명만이 가장 돈이 많은 사람일 테니까요. 그러기 때문에 자기가 가진 힘과 돈을 함부로 남에게 쓰면 안 됩니다. 그러는 순간 스스로 지옥의 문을 여는 겁니다. 오죽하면 예수님도 '천국은 사람과 사람 사이에 있다'라고 했을까요. 사람과 사람의 관계가 세상을 천국으로도, 지옥으로도 만든다는 얘기입니다.

갑질의 세상을 만드는 주범은 돈입니다. 백화점에서 소비자가 말도 안 되는 일로 직원에게 함부로 대하면 백화점 측은 앞뒤 상황도 듣지 않고 직원에게 무조건 사과하라고 합니다. 백화점은 직원의 마음이 얼마나 비참해지든 상관없고, 손님 하나 잃지 않는 것이 유일한 관심사입니다. 나쁜 손님을 편들어주면 그 사람이 이후에도 백화점에 이익을 주는 고객이 될까요? 그렇지 않습니다. 그런 사람은 해당 백화점의 충성 고객이 아닙니다. 올바르게 대처해서 멀리하는 것이 우리 사회 전체의 이익입니다. 반면에 직원을 보호해주면 그 직원은 반드시 더 많은 성과를 불러옵니다. 직원을 고객의 하인으로 만드는 회사는 결국 망하게 됩니다.

언제부터인가 '감정 노동'이란 말이 생겨나서 이제는 사회의 일반적인 현상이 되었습니다. 감정 노동이란 말은 없어져야 합니다. 감정 노동이 많은 나라는 후진국입니다. 절대 세계를 이끄는 나라가 될 수 없습니다. 가두어진 곳에서 썩은 물이 뱅뱅 돌고 있는데, 어찌 크고 맑은 바다를 꿈꿀 수 있겠습니까. 사람이 언제 목숨을 겁니까? 누군가 나를 위해 목숨을 걸었을 때 나도 그 사람을 위해 목숨을 거는 겁니다. 회사가 직원을 지키려고 힘을 다하면, 사람들은 그런 회사에 서로 들어가려고 경쟁하게 됩니다.

청년들이 중소기업에 왜 안 들어가려고 하는지 기업 스스로는 잘 깨닫지 못하고 있습니다. 반면 일자리를 구하는 절박한 청년들은 그 이유를 알고 있습니다. 가장 큰 이유는 '사람을 함부로 대하기 때문'입니다. 함부로 대하는 주체는 자기가 어떤 짓을 하는지 잘 모릅니다. 당하는 사람은 피부와 뼈로 느낍니다.

돈 많이 주는 회사가 좋은 회사일까요? 간혹 그럴 수도 있지만 대부분의 경우 아닙니다. 출근이 즐거운 회사가 좋은 회사입니다. 일은 조금 힘들어도, 급여가 풍족하진 않아도, 내 마음의 의욕을 끊지 않고 내

인생을 좀 더 나은 쪽으로 설계할 수 있는 회사가 가장
좋은 회사입니다. 어차피 일하려고 들어간 회사인데,
일이 조금 힘들어도 직원들은 뭐라 안 합니다. 급여도
동종 업계와 큰 차이 안 난다면 참을 만합니다. 문제는
조직 문화입니다. 같은 일을 시켜도 마음을 상하게
하고, 돈을 줘도 기분 나쁘게 주는 회사가 너무나
많습니다. 회사가 직원을 고용할 때 원하는 것이 있고,
직원에 회사에 들어갈 때 각자가 원하는 것이 있습니다.
회사는 더 많은 이익을 창출하기를 원하고, 직원은
더 나은 인생의 조건을 얻기를 원합니다. 그 두 가지
가치를 본질로 삼아 각자가 바라는 것을 얻으려고
노력하면 좋은 회사 좋은 직원이 됩니다.

  회사는 인력을 잘 운용해서 성장해가면 되고,
직원은 더 높은 직급과 임금을 위해 노력하고 더
나은 인생 계획을 세워나가면 됩니다. 그 외의 것은
다 버려야 할 찌꺼기입니다. 선진국의 노동시장은 그
찌꺼기를 과감히 잘 도려내고 조금이라도 더 업무의
성과를 내는 데 집중합니다.

  청소년 여러분들이 속해 있는 환경에서도
스스로를 잘 살피며 살아가는 것이 좋습니다. 여러분은
자기도 모르게 가해자가 될 수도, 피해자가 될 수도

있습니다. 가해자가 되어 있다면 무엇이 나를 이쪽으로 몰고 왔나 점검해보세요. 내가 가해자 무리 속에 나도 모르는 새 들어와 있다면, 인지하는 순간 바로 빠져나와야 합니다. 그 무리와 조금 더 거리를 두면 됩니다. 피해자의 위치에 있는 나를 발견한다면 조금 더 적극적으로 환경 자체를 바꾸는 게 좋습니다.

 학교는 내 인생의 뼈대가 될 지식과 지혜를 배우고 평생에 힘이 되는 좋은 벗을 알아가는 곳입니다. 우리는 학교를 다니는 근본적 이유에 좀 더 집중하고 충실해야 합니다. 그것에 방해가 되는 요소들이 내 마음을 덮어올 정도로 커져가면 바로 주변에 적극 알리고 도움을 청하세요. 어른들은 여러분이 생각하는 것 이상으로 세상을 움직일 힘이 있고 여러분을 안전한 곳으로 옮겨놓을 능력이 있습니다.

 여러분의 선생님을 존경하세요. 선생님은 학교에 계신 부모님과 같습니다. 여러분의 인생에 좋은 뿌리를 심어주고 싶어 합니다. 선생님은 더 넓은 세계를 경험하신 분입니다. 수업 시간에 귀를 잘 기울이면 반드시 여러분의 삶의 영역이 확장됩니다. 내가 어른이 되고 나니 학교 다닐 때 만난 모든 선생님께 고마움을

느낍니다. 나를 따뜻하게 대해주셨던 선생님도, 엄하게
꾸짖었던 선생님도 모두 내 인생을 넓혀주신 분들임을
깨닫습니다. 다시 그 시절로 돌아갈 수만 있다면 더
열심히 존경의 눈빛으로 수업을 듣고 싶습니다.

　　나는 북콘서트 공연을 또 한 사람의 작은
선생님이라고 생각하며 살아갑니다. 그래서 매일
현장에서 만나는 청소년 여러분 한 사람 한 사람이
나의 소중한 제자이기도 합니다. 나아가 나는 여러분의
변호사가 되고자 노력합니다. 무대 위에서 매일
생각합니다. '저 안에 요즘 행복한 친구, 오늘이 힘겨운
친구, 내일의 고민이 많은 친구가 섞여 있다. 나는
그 힘겨운 친구, 고민하는 친구의 변호사가 될 거다.'
그래서 행복한 친구든 고민하는 친구든 그에게 가장
맞는 도움을 주려고 말과 노래를 합니다. 생각처럼
잘되지는 않지만, 조금 더 잘됐다 싶은 날은 집으로
오면서 큰 행복을 느낍니다. 그리고 그것이 내일 집을
나서는 동력이 됩니다.

　　우리는 살면서 어떤 일, 어떤 직업에 경의를
표해야 할까요. 답은 매우 간단하고 쉽습니다. 나라면
하기 쉽지 않은 일을 하는 사람에게 경의를 표하고

존중하면 됩니다. 인생을 가장 아름답고 찬란하고 위대하게 사는 방법이 사랑이라면, 사랑의 가장 확실한 방법은 타인의 인생에 잠시라도 건너가보는 것입니다. 그 사람의 입장이 되어 잠시 생각해보고, 그 사람의 인생을 잠시 살아보는 겁니다. 타인의 삶이 가진 기쁨과 절망을 내 것으로 느끼는 순간, 우리는 더 큰 세계를 가지게 됩니다.

문학은 타인의 인생으로 건너가보는 가장 빠르고 쉬운 길입니다. 왜 세상의 많은 사람이 책을 보고 인생의 큰 변화를 겪었다고 얘기할까요? 그건 책 속에 사람이 살고 있기 때문입니다. 책 속의 사람과 만나서 얘기를 나누고 마음을 주고받다 보니 내가 변화되는 겁니다. 사람은 곁에 있는 사람을 닮아갑니다.

사람과 사람 사이에는 어떤 왕복선이 왔다 갔다 합니다. 한 사람의 마음이 왕복선을 타고 상대의 마음 역에 내려 한동안 거닐다 돌아옵니다. 서로의 마음을 실어 나르며 서로의 흔적들을 남깁니다. 상대의 흔적이 내 인생의 일부로 녹아드는 화학작용이 일어납니다. 책을 읽을 때에도 문학 작품 속 주인공들이 내 속에 들어와 함께 살기 시작합니다. 우리는 다른 인생에 넘나들며 더 넓은 세상을 품에 안습니다. 타인을 더 잘 이해하게 되고 세상에 나를 더 잘 이해시킬 수 있게 됩니다.

11
나만의 초록을 찾고 싶은 너에게

아직은 연두, 그러나 내일은 초록

우리는 누구나 비바람을 맞으며 영글어가는
연둣빛 열매들입니다. 그래서 서로의
연둣빛에 숨어 있는 초록빛을 발견해줘야
합니다. 세상의 연두들이여, 고개 숙이지
마세요. 여러분이 세상을 초록빛으로 만들
주인공입니다. 곧 썩어 떨어질 열매를
부러워하지도 두려워하지도 마세요.

*

김선영 작가의 청소년 소설 『내일은 내일에게』
(특별한서재, 2017)를 읽고 나는 정말 큰 힘을 얻었습니다.
그래서 책을 소개하는 시간이면 꼭 이 소설을
이야기합니다.

    고등학교에 다니는 주인공 '연두'는 새엄마와
이복동생 '보라'와 함께 삽니다. 친엄마도 아빠도
돌아가셨습니다. 걸핏하면 침수를 겪는 저지대에 살고
있어서 학교에 가면 하천 너머 잘사는 동네 아이들에게
무시를 당합니다. 엄마와 동생이 어느 날 갑자기
떠나버릴까 늘 불안합니다. 만만치 않은 삶의 조건들
때문인지 연두는 눈물이 많습니다. 그 눈물을 다 내보내
고등학교 졸업 전까지 모두 말려버리는 게 연두의 제일
큰 소원입니다.

    동생 보라와 함께 천변의 바람을 맞는 일은
연두의 숨통을 터주는 유일한 즐거움입니다. 어느 날
바람에 커피 향이 실려옵니다. 연두는 모든 커피를
수작업으로 뽑아내는 '카페 이상'에서 아르바이트를
하게 됩니다. 그즈음 새 친구 '유겸이'와도 친해집니다.
사방이 어둠이었던 연두에게 조그마한 빛이 스며들기

시작합니다.

나는 주인공 연두에게 금방 다가갈 수 있었습니다. 연두의 아빠 혹은 카페 사장 아저씨가 된 것처럼 소설 속 연두를 응원하게 되었습니다. 춥고 쓸쓸하던 연두의 마음에 처음으로 따뜻한 바람이 불어온 건 시각장애인의 사진 촬영 도우미를 하면서부터입니다. 연두는 자신의 말을 '소중히 귀담아듣는 사람이 있다는' 것에 처음으로 큰 감동을 받습니다. 마음을 다해 커피를 내리는 카페 아저씨를 보고 연두는 의문을 가집니다. '마음을 담는다, 내게는 결코 쉬운 일이 아니다. 마음이 무엇이길래 사람들은 그토록 매달리는 것일까.' 그 누구와도 마음을 나눈 적 없던 연두는 친구 유겸과 서로의 아픈 마음을 확인하며 가까워집니다. 모든 나쁜 가능성을 생각하던 연두에게 희망을 걸 작은 징조들이 생겨나기 시작한 겁니다.

카페를 청소하던 연두는 우연히 아저씨의 편지를 읽게 됩니다. 프랑스로 공부하러 오라는 누군가의 초청을 정중히 거절하는 아저씨의 편지 말미에 연두 이름이 등장했습니다. '연두에게 우리가 아무것도 해줄 수 없지만 그 아이의 미래를 기대하는 것만으로도 힘이 되리란 생각이 듭니다.' 연두는 자신의 미래를 기대해주는 누군가가 있다는 사실에 놀랍니다. 일상은 크게 달라진 것이 없고 여전히 내일은 어둡지만, 연두는 씩씩하게 아침을 먹고 학교에 갑니다. "나는 살아 있으니까. 나는 살고 싶으니까!"라고 외치면서요. 연두에게 더 이상 내일은 절망과 걱정의 날이 아닙니다. 연두는 내일은 내일에 맡기기로 했습니다. 오늘의 연둣빛을 더 빛나게 하면 내일은 싱그런 초록빛이 될 겁니다. 내일은 두려운 대상이 아니라 오늘에게 보내오는 앞선 시간의 응원입니다.

우리는 누구나 비바람을 맞으며 영글어가는 연둣빛 열매들입니다. 그래서 서로의 연둣빛에 숨어 있는 초록빛을 발견해줘야 합니다. 내가 너보다 조금 더 초록빛이라고 우월감에 취해 있는 사람은 자신이 썩어가는 열매라는 걸 모릅니다. 태어났을 때 조금 더 가진 것이 뭐 그리 잘난 일이라고 타인을 공격하는 어설픈 초록들이 많습니다. 세상의 연두들이여, 고개 숙이지 마세요. 여러분이 세상을 초록빛으로 만들 주인공입니다. 곧 썩어 떨어질 열매를 부러워하지도 두려워하지도 마세요.

세상은 연두에게 함부로 말합니다. 네까짓 게 뭘 할 수 있겠냐고, 너는 이도 저도 아닌 어정쩡한 연둣빛일 뿐이라고요. 하지만 그들은 모릅니다. 작은 씨앗이 품고 있는 내일의 크기를요. 내가 학교에 찾아가는 이유는 이 연두들을 만나기 위해서입니다. 객석에는 자신의 초라한 연둣빛에 고개 숙인 아이가 있습니다. 그 고개를 들게 하고 싶은 마음으로 갑니다. 공연이 끝나고 사인을 해줄 때, 어떤 아이들은 내게 속삭입니다. 자신의 내일을 믿어보겠다고요. 고마워요 푸른 연두들. 전국의 연두들에게 내일의 초록을 보여줄 수 있는 노래를 부르고 싶습니다.

여러분은 어떤 것을 가지고 있고 그것의 가치는 얼마나 된다고 생각하세요? 대부분 자신의 가치를 아직 잘 모를 겁니다. 모르는 게 당연합니다. 잘 모른 채 성년기로 점점 다가갑니다. 그사이에 세상이 여러분의 가치를 성급하게 매기기 시작합니다. 세상은 여러분 개개인이 가진 빛나는 가치에 세밀한 관심을 두지 않습니다. 그러다 보니 함부로 평가를 내립니다. '넌 이런 점이 부족하구나, 넌 저런 점이 별로구나, 넌 되게 평범하구나' 하면서요.

왜 그럴까요? 세상은 오늘 여러분의 겉모습만 볼 뿐, 여러분 속에 자라고 있는 내일의 모습을 보지 못하기 때문입니다. 속에 뭐가 자라고 있는지는 오직 나 자신만 알아차릴 수 있습니다. 그래서 우리는 여기서 중요한 진실을 하나 발견합니다. 세상이 나에게 매기는 점수에 기대지 말고, 나는 오직 나의 내면에 자라고 있는 가능성을 바라봐야 한다는 것입니다.

1976년, 유명 영화 제작사 사무실에 한 여자 배우가 오디션을 보러 옵니다. 연극만 해왔고 영화 쪽에서는 일해본 적 없는 여배우가 자리에 앉자마자 제작자는 이렇게 말합니다. "진짜 못생겼네. 누가 이런 걸 데려왔어?" 제작자는 여배우가 알아듣지 못하도록 이탈리아어로 짜증을 내며 얘기했습니다. 그런데 여배우는 대학에서 이탈리아어를 배웠기에 그 말을 알아듣고 대답합니다. "기대만큼 예쁘지 못해서 미안하네요. 근데 어쩌겠어요. 보시는 게 다인데." 그러고는 벌떡 일어나 사무실을 떠났습니다. 그날 이후 40년 동안 이 여배우는 전 세계 영화계를 깜짝 놀라게 했습니다. 이 배우는 세상 모두가 아는 '메릴 스트립'입니다.

메릴 스트립이 자리에서 일어서며 했던 말을 나는 이렇게 다시 해석해보고 싶습니다. "뭐, 어쩔 수 없네요. 당신이 내 겉모습만 보고 내 전부를 판단하고 있으니까요. 나를 보면서 찾아낸 게 고작 그 정도라면 나도 여기 있을 이유가 없네요." 그 당시 영화 속 여자 주인공들의 위치는 남자 주인공의 상대 역할에 그치는 정도였습니다. 여자 주인공에게서 더 신선한 면모를 창출해낼 필요성조차 못 느꼈습니다.

메릴은 당시 영화계가 요구하는 틀을 거부하고 자신만의 캐릭터를 끝없이 만들어나갑니다. 영화계는 그녀가 만들어내는 독보적인 아름다움에 빠져듭니다. 한사람이 세상이라는 거대 괴물을 이긴 겁니다. 오십대 후반의 나이에 주연을 맡은 〈악마는 프라다를 입는다〉로 영화사에 3억 달러를 가뿐히 벌어줍니다. 얼마 후에는 〈맘마미아!〉로 그 세 배의 수익을 벌어들입니다. 현재 일흔을 넘긴 나이인데도 영화사들이 그녀를 놓아주지 않습니다. 세상은 메릴을 제대로 보지 못했습니다. 아니, 애초에 제대로 볼 능력을 갖고 있지 않습니다. 그런 세상이 여러분을 평가하고 있는 것입니다.

세상의 평가보다 자신의 평가를 믿었던 또 한 사람을 만나볼까요. 누구도 흉내조차 낼 수 없는 세상 하나뿐인 캐릭터, '짐 캐리'입니다. 무명의 단역 배우 시절 짐 캐리는 스스로에게 1천만 달러 수표를 줍니다.

물론 문방구에서 구입한 가짜 수표 용지에다가 자신이
직접 금액을 써넣은 거였죠. 지금은 궁핍하지만 언젠가
이 개런티를 받는 배우가 되겠다고 다짐했습니다.
그는 수시로 수표를 꺼내 "짐 캐리에게 1천만 달러를
개런티로 지급한다!"라고 외치고 반대쪽에서 받는
시늉을 하며 감격의 미소를 지었습니다.

    남들이 봤으면 얼마나 비웃었을까요. 그러나
짐 캐리는 현재 자신을 향한 세상의 평가보다
미래의 자기 가치를 믿었습니다. 4년 후 세상을 깜짝
놀라게 한 영화 〈마스크〉가 개봉되자 그의 개런티는
지갑 속 백지수표에 적힌 금액을 조금씩 따라잡기
시작했습니다. 이어 〈덤 앤 더머〉〈배트맨 포에버〉 등의
놀라운 작품으로 그는 자신이 그렸던 미래보다 더 큰
미래를 품에 안게 됩니다.

    똑같은 시간을 노력해도 인간의 노력에 신념이
더해지면 미래는 확연히 달라집니다. 신념은 외부
환경이나 다른 사람이 주지 않습니다. 오직 자신만이
만들어내고 키울 수 있습니다. 세상의 평가에 너무 신경
쓰지 말고 자신의 미래 가치에 집중하세요. 스스로에게
최고의 가치를 매기고, 스스로에게 부끄럽지 않을 만큼
노력할 때 결국 세상은 여러분의 가치를 인정하게

됩니다.

　　우리끼리의 이런 격려를 세상은 '꿈팔이'라고 하더군요. 말로만 꿈을 들먹이며 사람들에게 희망 고문을 하는 사람을 향해 비웃듯 하는 말입니다. 하지만 꿈 얘기 좀 하면 어때요? '막연히 어떻게 되겠지'라는 생각으로 꿈을 얘기하는 사람도 있겠지만, 자신의 꿈 때문에 열병을 앓는 사람은 자신의 미래 가치를 외칠 자격이 있습니다. 오히려 세상이 나를 한정 짓는 소리를 덮기 위해 자신의 가치를 더욱 외쳐야 하지 않을까요.

　큰 뜻을 가졌다고 다 큰 사람이 되는 건 아닐지라도, 큰 것을 이룬 사람은 모두 큰 뜻을 품었던 사람입니다. 원래 가졌던 뜻이나 꿈이 작았다면 그 사람은 꿈을 이뤄가는 중간에 세상의 소리에 자신을 빼앗겼을 겁니다. 나는 세상이 은퇴를 준비하라고 권할 나이에 새로운 꿈에 도전했고 우리나라에 없던 직업을 만들었습니다. 지금은 예전처럼 세상이 나를 보고 '네까짓 게'라고 말하지 않습니다. 세상은 나를 향해 긍정의 평가를 보내고 있지만 나는 세상의 평가에 귀 기울이지 않습니다. 나는 또 다른 내일을 바라보고 있습니다. 앞으로 나아가야 물살에 떠밀려가지 않는

물고기처럼 새로운 미래 가치를 향해 달려가는
중입니다.

　　　세상이 우리한테 하는 말들이 왜 진실성이
떨어지는지 증명해볼까요? 세상이 사람들에게 하는
말의 대표적인 예로 뉴스가 있습니다. 뉴스는 말 그대로
새로운 소식을 전달하는 매체입니다. 만약 구름이나
나무가 세상의 소식을 전해준다면 정말 본 그대로,
있는 그대로 알려주겠죠. 그러나 사람이 만든 뉴스는
만든 사람의 생각이 담겨 있을 수밖에 없습니다. 어떤
방향성이나 의도가 있는 것이죠.

　　　우리는 많은 책을 읽음으로써 세상의 수많은 말
속에서 자기 나름의 진실을 찾아내는 능력을 길러야
합니다. 이런 분별력이 충분해지면 나라는 깨끗해지고
부강해집니다. 여러분이 학교에서 다양한 과목을
공부하는 이유도 이와 관련이 있습니다. '이런 공부들이
뭐에 쓰인다고 열심히 해야 하나?' 생각하겠죠. 나중에
다 쓰입니다. 우리는 사회적 존재로 살아가야 하기에
그 사회가 요구하는 올바른 교양과 시민 의식을 꼭
함양해야 합니다. 그래야 건강한 사회가 존속되고, 결국
나 개인이 보호받습니다.

　　　우리 눈에 비치는 세상의 모습들은 조금씩

가공된 것입니다. 그건 세상이 의도를 갖고 가공한 것이기도 하고, 나 자신의 굴절된 시각 때문에 그리 보이는 경우도 있습니다. 가공된 앞모습과 숨겨진 뒷면을 보면서 그 입체적인 결과물을 나만의 시각으로 재해석하는 것, 가공되기 이전의 진실과 아름다움을 찾아가는 것, 그것이 세상을 바로 읽는 방법입니다. 그러지 않으면 약간씩 속으며 살게 될지도 모릅니다. 세상과 삶의 진실은 끝없는 질문이 있은 후에야 조금씩 모습을 드러냅니다.

이렇게 알고 나니 세상이 내게 속삭이는 말들이 무결점의 완전체는 아니죠? 세상의 평가는 우리가 참고해야 할 중요한 요소이긴 하지만, 내 인생을 결정짓는 요소는 결코 될 수 없습니다. 나 자신을 향한 마지막 평가는 스스로가 직접 내려야 합니다. 세상이라고 다 견제해야 할 대상은 아닙니다. 여러분의 현재는 연두가 맞지만, 여러분을 연두로 규정해버리는 세상이 있고, 그 연두 속에 숨겨진 빛나는 초록을 보는 세상도 있습니다. 여러분의 초록을 발견해주는 세상을 향해 걸어가세요.

12
최고의 스펙을 찾고 싶은 너에게

이 세상에 필요한 최고의 스펙은 '설득력'이다

외형적 스펙을 두루 갖추고 세상의 문을
두드려도 세상은 문을 활짝 열어주지
않습니다. 그저 서로를 겨우 볼 수 있을
정도로 '빠끔히' 문을 열 겁니다. 그 좁은
틈으로, 그 짧은 순간에 여러분은 자신을
보여줘야 합니다. 살짝 열린 문을 더
열어젖히게 만드는 것은 그 순간 여러분이
세상을 얼마나 많이 설득할 수 있느냐에 달려
있습니다.

✻

스펙의 세상이 되었습니다. 좋은 회사에 취업하려면 어떤 스펙을 가져야 한다, 자격증 몇 개는 가져야 기본 스펙을 갖췄다고 할 수 있다, 등등의 말을 많이 합니다. 옛날에는 출신 학교가 가장 중요한 스펙이었는데, 요즘엔 그걸로도 부족해 부가적인 몇 가지를 더 얹어야 하는가 봅니다. 그래서 지금의 청년들은 어떤 기업이 무슨 스펙을 요구할지 몰라서, 나중에 진짜 쓰일지 아닐지도 모르는 스펙까지 쌓으려고 많은 시간을 쏟고 있습니다.

20여 년 동안 회사를 다니고 넓은 세상과 수많은 사람을 만난 내 경험에 비추어볼 때, 세상이 요구하는 스펙으로는 두 가지가 있습니다. 첫 번째는 세상이 공통적으로 요구하는 '눈에 보이는 스펙'입니다. 이것은 경우에 따라 전문 지식, 기술, 경력 등으로 표현할 수 있을 것입니다. 대부분의 청년이 스펙에 중점을 두고 노력하고 있습니다. 그런데 이 스펙은 세상이 요구하는 것의 딱 절반입니다. 그럼 나머지 절반, 두 번째 스펙은 무엇일까요? 두 번째 '눈에 보이지 않는 스펙'은 사람마다 다 다르게 말할 것입니다. 또는 같은 것을 다르게 표현할 수도 있습니다. 나는 이것을 '설득력'이라고 부릅니다.

기업은 어떤 제품을 개발하든 잘 팔리는 히트 상품을 만들고 싶어 합니다. 그러려면 소비 대상, 가격, 품질 수준, 시장 규모, 경쟁 제품 등 수많은 부분에 대한 검토가 있어야겠죠. 이것을 '마케팅'이라고 부릅니다. 나는 마케팅의 가장 중요한 요소가 바로 제품의 종합적인 경쟁력이라고 생각합니다. 한 제품이 소비자의 마음을 열고 지갑을 열게 하는 힘, 그게 그 제품의 경쟁력입니다. 소비자가 지갑을 여는 것은 제품에 설득당했다는 뜻이기도 합니다.

설득력은 다른 모든 분야에도 적용됩니다. 가수가 자기 노래를 히트시켜서 스타가 되고 싶다면 그 노래가 날아가서 듣는 사람의 마음을 파고들고 마구 흔들어대야 합니다. 그게 그 노래가 가진 설득력입니다. 상품이든 음악이든 모든 것이 설득력의 문제입니다.

여러분도 나중에 다양한 외형적 스펙을 갖추어서 세상의 문을 똑똑똑 두드리겠죠. 그때 세상이 여러분을 향해 문을 '활짝' 열어주면 얼마나 좋을까요. 하지만 현실은 절대 그렇지 않습니다. 세상은 문을 어떻게 열까요? 세상과 여러분이 서로를 겨우 볼 수 있을

정도로 '빠끔히' 문을 열 겁니다. 그 좁은 틈으로, 그
짧은 순간에 여러분은 자신을 보여줘야 합니다. 살짝
열린 문을 더 열어젖히게 만드는 것은 그 순간 여러분이
세상을 얼마나 많이 설득할 수 있느냐에 달려 있습니다.

　　세상을 설득할 힘은 인간과 세상을 아는 데서
나옵니다. 그럼 인간과 세상에 대해서 어떤 방법으로
배울 수 있나요? 가장 좋은 방법은 경험하는 것입니다.
실제로 보고 부딪치고 겪어보는 것이 최고입니다.
그러나 현실적으로 어떻게 이 넓은 세상을 다 가보고
모든 사람을 다 만나볼 수 있겠어요. 불가능합니다.
　　넓은 세상의 위대한 사람들을 만나 직접 만나
대화를 나누는 게 가장 좋지만, 그럴 수 없으니 우리는
책을 읽습니다. 놀랍게도 인간의 정신은 활자의
형태로 담길 때 보존성이 가장 높습니다. 더 **놀리운**
사실은 우리가 활자를 읽을 때, 그것이 우리의 정신과
접속하면서 더 큰 파장을 일으킨다는 것입니다. 이것이
책의 마법입니다.
　　어찌 보면 위대한 정신의 소유자를 만나서
이야기를 나누는 것보다 그 사람의 글을 읽는 데서 더
많은 것을 얻어낼 수 있습니다. 왜냐하면 말보다 글이

더 정돈되어 있고 밀도가 높기 때문입니다. 말은 비빔밥 속의 고기를 골라 먹는 것과 같고, 글은 고기만 딱 구워 먹는 것과 같습니다. 당연히 고기 맛은 후자가 좋겠죠? 말에는 군더더기가 붙을 수밖에 없습니다. 그런데 글은 군더더기를 덜어내면서 쓰기 때문에 '걸러지고 정제된 말'과 같습니다.

한편 말로 이루어진 강연이 깊은 독서보다 나을 때도 있습니다. 군더더기가 많은데 왜 더 좋을까요? 강연장에서는 말하는 사람의 마음으로부터 울리는 진동을 느낄 수 있기 때문입니다. 마음이 진심일수록 파장은 더 크게 다가옵니다. 그래서 기회가 된다면 높은 정신의 말을 듣는 것도 좋고, 아니면 글을 읽으며 마음의 대화를 나누면 됩니다. 세상의 높은 곳을 발로 디뎌본 사람에게는 뭔가 특별한 것이 꼭 있습니다.

책은 음식물을 오랜 시간 동안 먹을 수 있도록 하는 냉동 창고와 같습니다. 책은 오래전에 누군가의 정신이 최고 높은 지점에 이르렀을 때 그것을 언어라는 형태로 깡깡 얼려놓은 것입니다. 그 냉동된 언어를 지금 나의 뜨거운 마음이 받아들이면 언어가 녹아들면서 내 정신의 DNA를 변화시키죠. 종이는 썩어도 그 안에 담긴 정신만큼은 결코 썩지 않습니다. 저자의 정신은 시간과 공간을 초월하여 읽는 사람의 마음속에 생생하게 살아납니다.

　　말 잘하는 사람은 많습니다. 그런데 그중에 우리가 마음을 기울이게 되는 사람이 있고, 말만 번지르르하다 느껴지는 사람이 있습니다. 노래 잘하는 사람도 많습니다. 가슴을 뜨겁게 달구는 가수가 있는 한편 기계적으로 참 잘한다, 생각만 드는 가수도 있습니다. 둘을 구분 짓는 것은 '공감'입니다. 공감은 설득력을 강화하는 중요한 요소입니다.

　　책을 그냥 많이 읽으면 말 잘하는 사람, 이해력이 높은 사람이 될 수 있습니다. 그런데 마음이라는 도구로 밭을 갈듯 책을 읽으면 설득력을 갖춘 사람이 됩니다. 전자는 작가의 말을 수동적으로 듣는 사람이고 후자는 작가와 상호 대화를 나누는 사람입니다. 듣기만 한 사람과 이야기를 주고받은 사람은 차이가 날 수밖에 없죠.

　　우리가 세상이 요구하는 것들을 많이 준비한다고 하지만, 세상에 투입되었을 때 바로 쓸 수 있는 스펙은 드뭅니다. 그러면 이 사회는 왜 우리한테 여러 스펙을 요구하는 걸까요? 어차피 사회생활을 시작하면 전부 다 새로 배워야 할 텐데 말이죠. 지금 여러분이 하고 있는 공부도 똑같습니다. 사회에서 다 쓰일 것도 아닌데 왜 지금 이 많은 과목을 열심히 해야 하는 걸까요?

여러분의 생각은 일단 맞습니다. 지금 공부하는 것들이 나중에 그대로 다 쓰이지 않습니다. 심지어 대학교에서 배우는 전공 지식도 실제 현장에서 필요한 지식과는 꽤나 상이합니다. 나도 무역학과를 나와서 무역 실무에 대해 꽤 많이 준비하고 갔는데, 사회에서의 무역 실무는 상당히 다른 세계였습니다. 그런데요, 공부한 것과 다른 새로운 세계를 만났음에도 나는 학교 때 전공 공부를 열심히 잘해두었구나, 절실히 느꼈습니다.

두 가지 면에서 그렇습니다. 첫 번째는 그 일이 돌아가는 근본적인 원리를 좀 더 깊게 이해한다는 점입니다. 해외사업부에서 다루는 서류는 학교에서 봤던 샘플이나 실제 업무에서 보는 서류나 비슷합니다. 회사에 들어와서 이 서류를 처음 접하는 사람들은 기계적으로 서류 처리 방법을 익혀나갑니다. 그리고 일정 시간이 지나면 거의 똑같이 서류 처리에 능숙해집니다.

한편, 전체 프로세스에서 이 서류가 차지하는

위치나, 잘못 처리했을 때 맞게 되는 손실의 종류와
크기, 이와 관련된 주변 서류들과의 연관성 등에 대해
학교 다닐 때부터 궁금증을 키워왔던 사람은 현장에서
서류 한 장을 보고 얻는 정보의 양과 질이 확연히 다를
가능성이 큽니다. 간절했던 만큼 더 많은 근본적인
원리를 캐내겠지요.

두 번째는 응용력이 높아진다는 겁니다. 어떤
한 가지 일이 가져오는 변칙적 상황에 대한 대안이
많아지거나, 일의 방향이 어떻게 흘러갈지 예측
가능한 경우도 많이 생깁니다. 세상 모든 일은 변화와
응용의 연속입니다. 일하러 가고, 밥을 먹고, 잠을 자는
것만 루틴이고 나머지는 다 변화입니다. 반복적으로
일어나는 일은 매뉴얼로 대응하면 되지만, 변화와 함께
다가오는 일들은 어떻게 대처하나요? 결국 응용력이
뛰어난 사람이 대처를 잘하게 됩니다.

여러분이 학교에서 하는 공부는 하나의 정해진
매뉴얼을 배우는 것처럼 보이지만, 사실은 변화하는
상황에 대응하는 순간순간을 위한 매뉴얼, 자기만의
매뉴얼을 만드는 방법을 배우고 있습니다. 이것이
학교 공부입니다. 다시 말하면 '평생 공부하는 방법'을
공부하고 있는 겁니다. 여러분은 케이스 바이 케이스를

줄여서 '케바케'라고 부르더군요. 학교 공부는 '자기만의 케바케 매뉴얼'을 준비하는 과정입니다. 이렇게 보니 학교 공부도 나름 중요한 의미를 띠죠?

세상은 우리 예상보다 훨씬 빠르게 변할 것이므로, 여러분은 그 변화에 대응할 수 있는 응용력과 독창성을 기르도록 교육받아야 합니다. 사람들과는 다른 나만의 독창성을 가지면 변화가 와도 무섭지 않습니다. 독창성은 변화할 수 있는 능력을 지녔다는 말이 되니까요. 선진국들은 왜 오랜 시간이 지나도 여전히 선진국인 걸까요? 그건 선진국이 변화를 중요시하는 사고방식과 움직임을 표방하고 있기 때문입니다.

응용력은 새로운 환경을 설득해서 내 편으로 만드는 능력입니다. 독창성은 다른 많은 유사한 솔루션 중에서 내 것이 더 효율적이라고 강조하고 설득하는 능력입니다. 이 모든 게 설득력이라는 큰 그릇에 담깁니다.

정보가 넘쳐나는 세상이기 때문에, 그것을 얼마나 더 잘 외우고 있느냐는 점점 의미가 없어집니다. 반면 그 정보들을 이리저리 조합해서 가장 좋은 새로운 것을 만들어내고, 어떤 변칙적 문제 앞에서도 그에 맞는 해결책을 고안해내는 능력이 더 중요한 세상이 되었습니다. 여러 요인을 염두에 두고, 앞으로 어떤 방향으로 공부를 해야 할지 생각해보길 바랍니다.

여러분이 미래의 계획을 세울 때 두 가지 사항을 고려하면 좋습니다. 첫 번째는, 자신의 직업을 직접 만들겠다는 계획을 세워보는 겁니다. 이것은 단순히 창업을 꿈꾸라는 얘기가 아닙니다. 나는 오히려 섣부른 창업을 말리는 편입니다. 내 말의 본뜻은 어떤 일을 하든지 그 일을 조금만 변형해보라는 겁니다. 그 시점에서 새로운 어떤 것이 태어납니다.

세상을 놀라게 하는 새로운 것도 자세히 들여다보면 이미 존재하던 어떤 것에 변화를 준 겁니다. 세상에 완전히 새로운 것은 없습니다. 다만 우리가 새롭다고 느낄 뿐입니다. 그러니 새로운 직업도 기존의 것을 조금 바꿔서 지금 사람들이 요구하는 것을 정확히 충족시켜주는 것에 지나지 않습니다.

세상은 내가 하는 북뮤지션 일을 새로운 직업이라고 말하지만, 사실은 작곡가, 작사가, 가수, 진행자를 조금씩 합친 직업입니다. 거기에 차별화된 독창성이라면 책, 특히 소설책을 원재료로 했다는 점입니다. 이렇게 새로운 직업은 탄생합니다. 여러분이 잘하고 좋아하는 일이 무언지 여러 개의 리스트를 만드세요. 그리고 그것을 세상에 없던 형태로 조합합니다. 마지막으로 거기에 나의 진심과 열정을 쏟아넣습니다.

설불리 시작하는 것보다는 준비가 필요합니다. 여러분의 리스트 하나하나를 일정한 전문가 수준에 이르도록 훈련하십시오. 실전을 통한 훈련이 가장 좋습니다. 학교에서 할 준비가 있고, 사회에서 할 훈련이 있습니다. 때가 되면 준비된 여러 가지 것들을 한 덩어리로 조합하세요.

두 번째는, 내가 만든 것으로 세상을 꼭 설득하리라 결심해보는 겁니다. 여러분이 만든 새로운 일은 세상이 처음 접하는 것입니다. 그래서 기존 것 말고 내가 선보이는 새것을 써보라고 의견을 피력해야 합니다. 크게 두려워할 필요 없습니다. 왜냐하면 사람들은 기존의 비슷비슷한 제품들보다 새 제품에 더 흥미를 느끼기 때문입니다. 새 제품이 기존 것을 좀 더 개선해서 나왔다 생각되면 구매하게 되어 있습니다.

진짜 문제는 이때부터입니다. 한번 내 제품을 경험해본 사람이 만족하면 시장에 퍼져나가고,

불만을 품으면 거기서 내리막길을 가게 됩니다.
새로운 영역에서 현상 유지란 없습니다. 상승 아니면
하락입니다. 상승을 만드는 것은 바로 설득력입니다.
내가 내놓은 새 제품에 대해 사람들이 돈이든 뭐든 쓸
가치가 있다고 판단한다면 제품은 설득력을 확보한
겁니다. 하나의 제품에 비유해서 설명했지만 가장
중요한 상품, 세상이 진짜 요구하는 상품은 우리
자신입니다.

　설득력을 가진 사람은 세상이 필요로 하는 것을
정확히 알고 그것을 최대한 갖춘 사람입니다. 우리는
끝없이 세상과 인간을 공부해야 합니다. 학교 공부도
열심히 하고 틈틈이 책을 읽어서 여러분 앞의 세상을 꼭
설득할 수 있기를 바랍니다.

13

에필로그

나만의 진로를
찾고 싶은 너에게

나는 이렇게 북뮤지션이 되었다

작사 작곡, 그리고 노래는 내가 좋아해서 오랜 기간 해오던 겁니다. 좋아하고 잘하는 요소들을 융합해서 하나의 출구로 내보낸 결과 '북뮤지션'이라는 직업이 탄생하게 된 것이죠. 이렇게 새로운 직업이란 아무것도 없던 세계에서 갑자기 툭 튀어나온 것이 아니라, 이미 있어왔던 여러 요소를 한데 그러모아 새로운 포장지에 담는 일과 같습니다.

*

청소년 여러분이 사회에 진출할 때가 되면 현재 이 세상에 존재하는 직업의 상당수가 없어지고 새롭게 나타난다고 합니다. 그리고 사람들에게 인기 있는 직업의 종류에도 급격한 변화가 예상된다고 하니, 곧 다가올 미래의 직업 세계를 깊이 생각해봐야겠습니다.

해외의 많은 나라가 학생 때부터 직업에 대한 교육을 많이 받고, 직간접적으로 사회 체험도 많이 해보는 데 비해 우리나라는 스무 살이 될 때까지 학업에 전념하는 교육체계를 갖고 있습니다. 그래서 학교를 졸업하고 사회로 나가면서 진로에 대한 정보가 부족하여 막연히 사회적 유행에 따라 직업을 결정하는 경우가 많습니다.

나는 청소년 여러분들이 일찍부터 세상의 많은 직업을 보고 들으면서 좀 더 구체적으로 자신의 미래를 설계하면 좋겠다는 마음에서, 북콘서트 공연 중 진로에 관한 이야기를 꼭 해주고 있습니다. 그런데 진로와 직업 얘기를 많이 하면 공연의 긴장감이 떨어지기 때문에 어쩔 수 없이 제한된 시간에 맞춰 빠르게 요약해서 강의하곤 합니다. 그때 다 하지 못했던 진로 이야기를 여기에 상세히 펼쳐보겠습니다.

나는 20여 년 몸담은 직장 생활을 청산하고 난 뒤 북뮤지션의 길로 들어섰습니다. 단순히 내가 좋아하는 일을 한다는 게 아니라 먹고사는 문제가 걸려 있던 만큼, 내 인생에서 매우 중요한 결정이었습니다. 직장을 다니면서 안정된 생활을 유지하느냐, 아니면 내가 꿈꾸던 제2의 인생으로 가느냐 둘 중에서 선택을 해야 했습니다. 직장을 택하면 펼치고 싶은 예술 세계를 축소해야 했고, 새로운 길을 택하면 안정된 생활과 멀어질 수도 있었지요. 그러면 이제부터 내가 새로운 직업을 만들어내는 과정에 있었던 모든 요소를 정리해보겠습니다. 여러분의 진로를 모색하는 데 도움이 되기를 바랍니다. 순서를 정리하면 다음과 같습니다.

1. 계획 단계에서 체크할 사항 – 이런 점들은 미리 알아봐야 합니다.
2. 결정 단계에서 기준으로 삼을 요소들 – 이 조건에 맞으면 결정이 쉬워지고 리스크도 줄어듭니다.
3. 실행 단계에서 갖춰야 할 것 – 이것을 갖춰야 그 일을 감당하고 지속할 수 있습니다.

1번은 외부·내부 환경 조사입니다. 2번은 1번의 내용을 토대로 선택과 결정을 하는 과정입니다. 3번은 결정된 바를 실행해나가는 데 필수적으로 내가 갖춰야 할 사항들입니다. 아무리 좋은 결정을 했다고 한들 그 일을 잘해낼 능력이 있어야 좋은 직업으로 굳어집니다.

이제 단계별로 세부적인 내용을 보겠습니다.

1. 계획 단계에서 체크할 사항

기존에 없었던 새로운 직업을 만들어내는 만큼, 이 직업을 택했을 때 생존 가능성을 높이기 위해서는 외부 환경과 내적 환경(마음이나 생각과 관련된 부분)이 어떠한지 체크해야 합니다.

1) 외적 요소
- 환경을 바꿨을 때 내가 얻을 것과 잃을 것은 무엇이고 그 둘의 합계는 어떻게 될까.
- 새로운 시장의 크기는 어느 정도인가.
  (연간 공연 가능 횟수 예측. 유사한 공연 형태 존재 여부)
- 내가 그 시장을 감당할 준비가 되어 있는가.
  (다양한 프로그램. 창작곡. 검증된 재미와 유익)
- 직업을 전환했을 때 초기 손실 내용과 분량, 정상화까지 소요되는 기간.

2) 내적 요소

- 나는 무엇 때문에 이 일을 하고 싶은가.
  (일의 본질. 가장 중요한 요소)
- 나는 이 일을 얼마나 좋아하는가.
- 내 인생 전체의 꿈과 뜻과 방향에 일치하는가.
- 이전 일이 싫어서 옮기는가, 아니면 이전 일도 좋지만 새 일이 더 좋아서 옮기는가.

2. 결정 단계에서 기준으로 삼을 요소들

환경 조사가 끝났으면 선택과 결정 단계로 넘어갑니다. 이 단계에서는 어떤 근거와 기준으로 결정을 하는지 체크하면서 실행합니다. 이를 위해 사전에 개개인의 기준이 잘 세워져 있어야 합니다. 자기만의 명확한 기준은 여러분을 더 큰 경쟁력을 갖춘 직업인으로 만들어줄 것입니다.

1) 인생의 목표점과 일의 내용이 같으면 GO!

사람들은 저마다 인생에서 꼭 펼치고 싶은 가치, 혹은 궁극의 목표점이 있습니다. 내가 이 일을 통해 이루고 싶은 가치와 일의 내용이 같으면 우리는 그 일을 지치지 않고 해나갈 수 있습니다.

매우 하고 싶은 일이 있다 해도, 자신만의 가치를 뚜렷하게 설정하지 않으면 그 일을 끝까지 밀어붙이기 힘듭니다.

그렇기 때문에 여러분은 학교를 다니면서 인생에서 소중한 게 무엇이고, 하고 싶은 건 무엇인지 둘 다 생각해봐야 합니다. 물론 시간이 흐르면서 가치관이 변하기도 하겠지만, 오늘의 좋은 생각은 내일의 더 나은 생각을 만들기 때문에 오늘 하는 모든 고민들은 의미가 있습니다.

나의 경우 인생의 목표점은 '인간에 대한 이해'입니다. 나는 어떤 일을 하는가가 아니라, 그 일을 통해 인간의 마음과 어떻게 만날 것인지가 더 중요합니다. 내가 30년 넘게 문학을 읽는 이유도 내 앞의 한 사람을 이해하기 위해서입니다. 내가 읽은 모든 위대한 문학들을 다 합쳐도 한 사람의 인생의 무게를 넘어서지 못합니다. 다행히 나는 인생 목표와 완전히 일치하는 일을 찾아냈습니다.

2) 계획한 일로 자연스럽게 넘어간다면 GO!

새로운 일을 시작할 때 가장 바람직한 형태는 새로운 직업이 이전 직업을 자연스럽게 밀어내는 것입니다. 나는 직장 생활을 하면서 평일 저녁과 주말에 공연을 했습니다. 그런데 공연 횟수가 점점 늘어나면서 공연으로 버는 수입이 직장의 수입을 따라잡게 되었습니다. 새 일이 기존 일을 밀어내기 시작했고, 억지로 무리수를 두면서 방향을 전환할 필요가 없게 되었습니다. 1번의 '먼저 체크할 사항'을 꼼꼼히 잘 이행한 결과이지요.

3) 세상이 내게 요청한다면 GO!

나는 노동과 예술 두 가지 모두 좋았습니다. 평생 직장을 다녀도 전혀 불만이 없습니다. 평생 예술활동을 하면서 경제적으로 약간 부족해도 괜찮습니다. 그러다 보니 내 앞의 세상에게 약간

밀당할 수 있는 마음의 여유가 생겼습니다. 이 경우처럼 내가 세상에 가서 이렇게 좀 해달라고 부탁하지 않고, 세상이 나한테 제휴하자고 손 내밀게 만들면 그게 가장 좋습니다. 그런 일은 단단한 미래를 만듭니다.

　　음악적 표현을 잘하는 가수에게는 작곡가들이 좋은 곡을 들고 와서 불러달라고 부탁합니다. 그러니 평소에 자기 스타일을 잘 키우고 어떤 곡이든지 그 곡의 느낌을 최대한으로 증폭시킬 실력을 키우면서 무대에 서다 보면 큰 무대에 설 기회가 옵니다. 훌륭한 가수들은 다 그런 과정을 거쳐서 자리를 잡아갔습니다.

3. 실행 단계에서 갖춰야 할 것

내 직업인 북뮤지션의 경우 무엇을 갖춰야 하는지 말해보겠습니다. 다른 직업의 세계에서는 그에 맞는 요소들이 따로 있겠죠. 여러분은 내 경우를 참고해서 자신의 미래에 필요한 개별적 요소들을 찾아보기 바랍니다.

1) 작사

문학 작품을 읽고 노래를 만들 때 작사를 잘하려면 오랜 기간 많은 책을 깊이 읽어야 합니다. 내 경우 스무 살 이후 30년 넘게 열심히 책을 읽어왔으니 나도 모르게 꽤 오랫동안 준비를 한 셈입니다.

2) 작곡

스무 살 때 아버지 친구분이 기타를 선물해주셨는데, 여섯 줄 기타를 연주하다 보니 작곡의 기본인 화성을 알게 되었습니다. 자작곡으로 이런저런 가요제에 나가서 상도 몇 번 받았습니다. 누구의 요청이 아니라 순수하게 내가 좋아서 문학 노래를 하나둘 만들다 보니 150곡 넘게 창작했습니다. 그런데 문학 노래는 단순히 곡을 만드는 데 그쳐서는 안 됩니다. 그 책의 느낌과 분위기를 그대로 담아내는 곡을 만들어야 합니다.

3) 노래

이렇게 만든 노래를 표현할 가창력이 요구됩니다. 나는 중고등학교 합창반 활동을 포함해서 항상 노래를 가까이 해왔습니다. 직장 생활 중에도 집에 방음 부스를 설치하고 밤마다 노래를 연습했습니다. 어떤 무대에 서고 어느 대회를 나가고 그런 특정한 목표가 있어서가 아니었습니다. 노래는 메마른 나의 하루하루를 적셔주는 샘물과도 같았기 때문이었습니다.

4) 진행 능력

90분 동안 한 프로그램을 진행하려면 높은 예능감이 필요합니다. 아무리 좋은 노래를 준비해도, 노래만으로 오랜 시간을 끌고 가면 관객은 금방 지칩니다. 책에 대한 설명, 노래, 퀴즈, 낭독 참여, 추천 도서 소개, 이벤트 등의 다양한 과정을 재밌게 끌고가는 뛰어난 진행 능력이 있어야 합니다. 그런데 재밌기만 하면 또 안 됩니다. 재미와 더불어 문학의 감동과 배움의 유익도 줄 수 있어야 합니다. 재미 속에 유익을 담는 일은 매우 어려운 과제여서, 나 역시 매일 연구와 개선을 거듭하는 중입니다.

내가 북뮤지션 일을 염두에 두고 이 모든 요소를
준비해온 것이 아닙니다. 작사 작곡, 그리고 노래는
내가 좋아해서 오랜 기간 해오던 겁니다. 좋아하고
잘하는 요소들을 융합해서 하나의 출구로 내보낸 결과
'북뮤지션'이라는 직업이 탄생하게 된 것이죠. 이렇게
새로운 직업이란 아무것도 없던 세계에서 갑자기 툭
튀어나온 것이 아니라, 이미 있어왔던 여러 요소를 한데
그러모아 새로운 포장지에 담는 일과 같습니다.

지금까지 하나의 새로운 직업이 만들어지는
개인적 과정을 살펴보았습니다. 이것을 참고해서
여러분들이 각자 꿈꾸는 직업을 그려보고, 어떻게
길을 찾아갈까 무엇을 준비할까 생각해보길 바랍니다.
관심을 기울여 자료를 수집하고, 그 분야에서 일하는
사람들을 만날 기회를 찾고, 책도 틈틈이 읽으며 미래를
준비하면 좋을 것입니다. 무엇보다 인생의 모든 일의
기본이 되는 과정을 지금 학교에서 공부하고 있으니,
학교 공부에도 충실해야 합니다.

꿈은 생각으로 시작되고 의지로 커지며
움직임으로 구체화됩니다. 생각과 의지와 움직임,
이 세 가지 열쇠는 여러분이 어떤 길을 가든 그 앞에

있는 모든 문을 열게 할 것입니다. 그러니 부디 여러분 안에 있는 잠재력을 잃어버리지 말고, 인류에 도움이 되고 세상을 놀라게 할 위대한 일들을 마음에 많이 그려보세요.

찾고 싶은 너에게
북뮤지션 제갈인철이 들려주는 꿈과 진로 이야기

1판 1쇄 발행 2024년 4월 19일

지은이	제갈인철
펴낸이	한기호
책임편집	이선진
편집	여문주, 서정원, 박혜리, 송원빈
본부장	연용호
마케팅	하미영
경영지원	김윤아
디자인	VUE
인쇄	예림인쇄
펴낸곳	(주)학교도서관저널
	출판등록 제2009-000231호(2009년 10월 15일)
	주소	04029 서울시 마포구 동교로 12안길 14(서교동) 삼성빌딩 A동 3층
	전화	02-322-9677
	팩스	02-6918-0818
	전자우편	slj9677@gmail.com
	홈페이지	www.slj.co.kr

ISBN 978-89-6915-163-6 03800

ⓒ 제갈인철 2024

• 이 책은 저작권법에 따라 보호를 받는 저작물이므로 무단 전재와 무단 복제를 금합니다.
• 책값은 뒤표지에 있습니다.